Grundkurs Philosophie

Philosophie des Sozialen

GRUNDKURS PHILOSOPHIE

Band 5

Philosophie des Sozialen

Von Wolfgang Detel

Philipp Reclam jun. Stuttgart

RECLAMS UNIVERSAL-BIBLIOTHEK Nr. 18472

Gesamtherstellung: Reclam, Ditzingen. Printed in Germany 2007

ISBN 978-3-15-018472-1

www.reclam.de

Inhalt

Einleitung

Dieses Buch ist der fünfte Band einer fünfteiligen Einführung in die Grundlagen der theoretischen Philosophie, die um zwei Bände zur Ethik und zur politischen Philosophie ergänzt werden soll. Theoretische Philosophie befasst sich vornehmlich mit Aktivitäten und Ideen, die mit der Art und Weise zusammenhängen, wie wir die Welt auffassen und auf sie reagieren – mit dem Fühlen, dem Denken, dem Argumentieren und dem Erklären, aber auch mit unseren Ideen von der Natur, vom Geist und vom sozialen Bereich.

Eines der zentralen Ziele der ersten fünf Bände der kleinen Reihe besteht darin, einen Überblick über alle wichtigen Teildisziplinen der modernen theoretischen Philosophie zu liefern. Die Bände stellen ein ausführliches Kompendium der modernen theoretischen Philosophie dar, das die wichtigsten Begriffe und Positionen aller wichtigen Teildisziplinen der modernen theoretischen Philosophie präsentiert, und zwar in einer möglichst knappen, genauen und verständlichen Form. Der damit verbundene inhaltliche und formale Anspruch unterscheidet die folgende Darstellung sowohl von allgemeinen Einführungen in die Philosophie als auch von speziellen Einführungen in einzelne philosophische Teildisziplinen.

Der riskante Versuch, einen derartig umfassend angelegten Überblick zu liefern, ist in didaktischer Hinsicht dadurch motiviert, dass es in der modernen theoretischen Philosophie sehr viele Details zu lernen gibt, dass es aber zugleich wichtig bleibt, nicht den Blick auf das Ganze zu verlieren. In theoretischer Hinsicht ist die Anlage der Bände dadurch motiviert, dass sich die Teildisziplinen der theoretischen Philosophie in den letzten Jahrzehnten immer stärker miteinander vernetzt haben. Dabei sind vor allem die großen Fragen der Philosophie wieder aufgenommen und zum Teil auf eine neue und höchst interessante Weise beantwortet worden.

Die Präsentation des umfangreichen Stoffes erfolgt rein systematisch. Philosophische Vorkenntnisse werden nicht vorausgesetzt. Die Begriffsbildungen und Positionen werden Schritt für Schritt eingeführt und bauen aufeinander auf. Daher werden sie nummeriert. Dabei bezeichnet die erste Zahl die Bandnummer und die zweite Zahl die entsprechende Explikation (= begriffliche Erläuterung). Die Nummerierung läuft durch alle Bände durch, beginnt also nicht in jedem Band von vorn. »1.35« verweist beispielsweise auf Explikation 35, die in Band 1 steht, »3.150« auf Explikation 150, die in Band 3 vorkommt, und »5.300« auf Explikation 300 und damit auf die letzte Explikation in Band 5.

Fast alle Explikationen werden kommentiert und durch Beispiele erläutert. Wenn zu einem eingeführten philosophischen Begriff ein weiterer Fachausdruck existiert, der dasselbe bedeutet, wird er in den meisten Fällen in runden Klammern hinter einem Gleichheitszeichen angegeben.

Der Text enthält zahlreiche interne Verweise auf Explikationen, die bereits eingeführt wurden, zuweilen aber auch auf Explikationen, die erst später eingeführt werden. Dadurch soll das begriffliche Netz, das in diesen Bänden entfaltet wird, transparenter und die Erinnerung an schon eingeführte Kontexte geschärft werden. Ein Verzeichnis der wichtigsten Begriffe dient demselben Zweck. Zu den einzelnen Kapiteln und den meisten der aufgeführten philosophischen Explikationen werden am Ende eines jeden Bandes Übungsaufgaben gestellt, die den Lernprozess unterstützen und zugleich auf die konkrete Anwendbarkeit der eingeführten Explikationen verweisen.

Von ihrer Anlage her gesehen stellt diese Einführung daher einen Grundkurs dar, der auch einem Selbststudium und als Hintergrundinformation für philosophische Proseminare dienen kann. Die einzelnen Kapitel und Bände bauen begrifflich und sachlich aufeinander auf, sollten also in der angebotenen Reihenfolge studiert werden. Alle Kapitel und Bände zusammengenommen entwickeln die Grundzüge einer einzigen umfassenden Theorie. Mit Hilfe eines guten Philosophie-Lexikons können die einzelnen Bände allerdings auch unabhängig voneinander gelesen werden.

Der erste Band der Einführung in die theoretische Philosophie behandelt argumentationstheoretische und logische Grundlagen, auf die in allen weiteren Kapiteln zurückgegriffen werden muss. Der zweite Band beschäftigt sich mit philosophischen Theorien zu den grundlegenden allgemeinen Bausteinen der Welt, d. h. mit Metaphysik im allgemeinsten Sinn – insbesondere mit Theorien des Seins (Ontologie oder Metaphysik im spezielleren Sinn), mit der Naturphilosophie und mit der Theorie natürlicher und lebender Systeme. Der dritte Band hat den Geist mit seinen unterschiedlichen Ebenen zum Gegenstand, also den Ebenen des Fühlens, des Denkens, der Sprache und des Bewusstseins. Dieses Thema wird im vierten Band weitergeführt mit der Behandlung weiterer Formen des Geistigen, nämlich von Wahrnehmung, Wissen und Wissenschaft. Der fünfte und letzte Band schließlich behandelt den Bereich der Handlungen, des Sozialen und ihrer wissenschaftlichen Analysen. Vom zweiten bis einschließlich dem fünften Band wird also in Umrissen die Entwicklung vom Natürlichen über das Geistige zum Sozialen aus philosophischer Perspektive nachgezeichnet.

Einschlägige philosophische Texte und Autoren können in dieser Einführung aus Platzgründen nicht diskutiert werden. Am Ende der Übungen eines jeden Kapitels der Bände werden jedoch einige moderne Texte (Artikel oder Buchabschnitte) angegeben, in denen zu den entsprechenden Themen Bahnbrechendes geleistet wurde. Die Texte wurden so ausgewählt, dass ihre Lektüre mit einigen der wichtigsten Autoren bekannt macht, die die heutige Philosophie geprägt haben.

Ein Werk, das auf schmalem Raum einen Überblick in dieser Spannweite versucht, muss letzten Endes eine Kompromisslösung bleiben. Nichts kann hinreichend ausgeführt werden, vieles muss ausgelassen oder vereinfacht werden. Ein besonders schmerzliches Defizit ist der – aus Platzgründen erforderliche – Verzicht auf eine ausführliche Darstellung der Argumente für und gegen die eingeführten Positionen. Ich bin jedoch im Laufe meiner Unterrichtstätigkeit zu der Überzeugung gekommen, dass die Vorzüge eines solchen Überblicks seine Nachteile übertrumpfen. Einer dieser Vorzüge besteht darin, dass die Leser anhand dieses Überblicks recht schnell entscheiden können, ob sie philosophische Probleme interessant finden und welche dieser Probleme ihnen besonders attraktiv zu sein scheinen.

Diese Einführung in die theoretische Philosophie soll ihrem eigenen Anspruch nach nicht empirisch immunisierte begriffliche Vorschläge präsentieren. Einige der Positionen und Begriffsbestimmungen, die auf den folgenden Seiten skizziert werden, sind in der heutigen Philosophie umstritten und repräsentieren nicht die Auffassungen des Verfassers des Grundkurses. Vielmehr werden durchweg Standardbegriffe und Standardpositionen präsentiert, die weit verbreitet sind und die man daher kennen sollte, wenn man die laufenden Debatten zur gegenwärtigen theoretischen Philosophie angemessen verstehen möchte. Außerdem handelt es sich im Folgenden um Vorschläge, die mit dem Anspruch auf Weltwissen verbunden sind. Die Philosophie des Geistes glaubt beispielsweise, das reale mentale Phänomen der Repräsentation weitaus angemessener und raffinierter analysieren zu können als Psychologie und Neurobiologie. Die Kehrseite des philosophischen Anspruchs auf Weltwissen besteht freilich darin, dass sich auch philosophische Theorien an der Wirklichkeit bewähren und sich gegebenenfalls von anderen empirischen Wissenschaften belehren lassen müssen. In diesem

Sinne versteht sich dieser Grundkurs auch als ein Angebot an nicht-philosophische Wissenschaften, sich bei Bedarf über Grundzüge der modernen Philosophie rasch zu orientieren.

Die Anlage dieser ersten fünf Bände verdankt sich langjährigen didaktischen Experimenten und Erfahrungen mit einem Grundkurs zur theoretischen Philosophie der Gegenwart, den ich wiederholt am Philosophischen Institut der Goethe-Universität Frankfurt a. M. durchgeführt habe. Außerordentlich hilfreich waren dabei die (anonymen) Evaluierungen der verschiedenen Varianten des Grundkurses. Die Tutoren und Tutorinnen, die die Tutorien zum Grundkurs engagiert betreut haben, konnten mir aufgrund ihrer intimen Kenntnis des Stoffes und der Diskussionen in den Tutorien viele wichtige Hinweise zur besseren Verständlichkeit des Textes und der Übungsaufgaben liefern. Für dieses Engagement möchte ich mich bei allen Beteiligten herzlich bedanken.

14. Handlungstheorie und Entscheidungstheorie

In den letzten drei Kapiteln (d. h. im fünften Band) dieser Einführung wenden wir uns dem Bereich des Sozialen zu – nicht aus dem Blickwinkel der Ethik, der politischen Philosophie oder der Sozialphilosophie, sondern aus der Perspektive der theoretischen Philosophie. Dabei geht es primär um die Fragen,

(1) wie sich der Bereich des Sozialen ontologisch zu den Bereichen der Natur und des Geistes verhält und
(2) wodurch die wissenschaftliche Erkenntnis des Sozialen ausgezeichnet ist.

Im Rahmen der Skizze einer einheitlichen philosophischen Theorie, die den Bereich der Natur, des Geistes *und* des Sozialen umfassen soll, ist mit diesen Fragen das Problem verbunden, wie wir auf der Grundlage des physikalistischen, funktionalistischen und intentionalistischen Vokabulars (3.139 (6), 5.229), das wir in den vorangehenden 13 Kapiteln schrittweise entwickelt haben, *soziale Begriffe* theoretisch einholen (d. h. integrieren) können, mit denen wir die spezifischen Merkmale sozialer Gebilde wie beispielsweise sozialer Gruppen oder institutioneller Einrichtungen beschreiben können (2.101 und 3.139):

5.229 *Drei verschiedene Arten von Einstellungen, Vokabularen und Erklärungen*

Gegenüber Wesen, die unter anderem über mentale Repräsentationen (3.128) verfügen und repräsentationale Zeichen (3.129) produzieren, lassen sich *drei verschiedene explanatorische und prognostische Einstellungen* einnehmen:

(1) Die *physikalische Einstellung*: Wir erklären und prognostizieren das Verhalten dieser Wesen durch Verweis auf ihre physikalischen Eigenschaften in Form von deduktiv-nomologischen (2.90) oder statistischen Erklärungen (2.91) im *physikalistischen Vokabular*.
(2) Die *funktionale Einstellung*: Wir erklären und prognostizieren das Verhalten der Wesen durch Verweis auf ihre funktionalen Eigenschaften und natürlichen Funktionen in Form von funktionalen Erklärungen (2.98) im *funktionalistischen Vokabular*.
(3) Die *intentionale Einstellung*: Wir erklären und prognostizieren das Verhalten der Wesen durch Verweis auf ihre gehaltvollen mentalen Zustände (3.104) und Äußerungen (3.133, 3.158 (b)) in Form eines möglichst umfassenden Verstehens *im intentionalistischen Vokabular* (3.139, 3.158 (2)).

Die leitende Idee der folgenden Überlegungen zum sozialen Bereich ist, mit einer Erläuterung des Handlungsbegriffs zu beginnen, weil die sozialen Bereiche wesentlich von den Handlungen menschlicher Aktoren geprägt zu sein scheinen und weil wir Handlungen primär durch Rückgriff auf das intentionalistische Vokabular charakterisieren können. Diese handlungstheoretische Grundlage kann man dafür nutzen, elementare Begriffe von sozialen Gebilden einzuführen und ihren ontologischen Status zu klären. Abschließend können wir fragen, wie sich der wissenschaftliche Zugriff auf diese sozialen Gebilde kennzeichnen lässt. Daraus ergibt sich bereits die inhaltliche Struktur der abschließenden drei Kapitel. Wir beschäftigen uns zunächst mit der Handlungs- und Entscheidungstheorie, dann mit der Sozialontologie und schließlich mit den Sozialwissenschaften.

Die Idee der Handlung

Wodurch unterscheiden sich Handlungen von bloßem Verhalten? Das ist eine zentrale Frage. Denn zu unserem Selbstverständnis gehört die Vorstellung, dass wir Menschen handelnde Wesen sind. Zum traditionellen Begriff des Handelns gehört die Idee, dass wir Handlungen vollziehen oder auch unterlassen können. In dieser Idee steckt die Vorstellung des *freien* Handelns – eines Handelns, das durch freie Entscheidungen bestimmt ist. Und freie Entscheidungen gelten als Ausdruck unserer *Willensfreiheit*. Aber die Vorstellung der Willensfreiheit im klassischen Sinn gilt seit geraumer Zeit als problematisch, denn es mehren sich die Anzeichen dafür, dass unsere Entscheidungen determiniert sind.

Dennoch muss die Unterscheidung zwischen bloßem Verhalten und Handeln nicht aufgegeben werden. Wir können nämlich das Handeln weiterhin begrifflich an geistige Zustände binden, die humanspezifisch sind – nur dass diese geistigen Zustände nicht mehr dadurch gekennzeichnet werden, dass sie auf Willensfreiheit zurückgehen, sondern dadurch, dass sie propositional gehaltvolle Intentionen sind (3.138 (3)). Tatsächlich spezifizieren wir normalerweise Handlungen gerade dadurch, dass wir die Absicht (Intention) angeben, von denen die Handlungen begleitet werden.

Wenn wir zum Beispiel Veronika in einem Raum zur Tür gehen und die Tür öffnen sehen, dann können wir diesen Vorgang in einem physikalistischen Vokabular (2.101) als *Verhalten* beschreiben – also als einen physikalischen Vorgang, zum Beipiel in Begriffen der physikalischen Kinematik (= Bewegungslehre). Aber wenn wir uns fragen, welche *Handlung* Veronika vollzieht, etwa ob es sich um ein Verlassen des Raumes, um eine Entspannungsübung oder um das Einlassen von frischer Luft handelt, dann achten wir darauf, was sie mit ihrer Körperbewegung *beabsichtigt* (*intendiert*). Wenn wir z. B. aus guten

Gründen der Meinung sind, dass Veronika den Raum verlassen will (vielleicht weil wir wissen, dass sie sich jetzt draußen mit ihrer Freundin treffen will), dann haben wir Anlass zu sagen, dass ihr Verhalten ein Verlassen des Raumes ist. *Handlungen* – das ist die Kernidee der modernen Handlungstheorie – sind Verhaltensweisen, die sich unter propositional gehaltvollen Absichten (Intentionen) beschreiben lassen. Eine Handlung wird ontologisch *individuiert* durch die Absicht, von der sie begleitet wird (zum Ausdruck »individuieren« vgl. die Erläuterung nach 3.110), und daher *identifizieren* wir eine Handlung epistemisch dadurch, dass wir die Intention identifizieren, von der die Handlung begleitet ist und die sie zu der Handlung macht, die sie ist. Gehaltvolle Absichten sind in diesem Sinne *konstitutiv* für Handlungen. Und wir identifizieren eine gehaltvolle Absicht dadurch, dass wir ihren propositionalen Gehalt (3.133) und ihren psychischen Modus *verstehen* (3.139). Daher gelten Handlungen primär als Objekte des *Verstehens*, nicht aber als Objekte der naturwissenschaftlichen Erklärungen (2.101 (4)).

Einer der interessanten Punkte an diesem Handlungsbegriff ist, dass das Verhalten und die Intention, die zusammen eine bestimmte Handlung ausmachen, nicht 1–1-abbildbar (2.96 (2)) aufeinander sind: Ein und dasselbe Verhalten kann verschiedene Intentionen realisieren, und ein und dieselbe Intention kann durch verschiedene Verhaltensweisen realisiert werden. Mit ihrem Gang aus dem Zimmer könnte Veronika z. B. sowohl die Absicht, den Raum zu verlassen und ihre Freundin zu treffen, als auch die Absicht, sich Bewegung und frische Luft zu verschaffen, verbunden haben. Andererseits hätte sie ihre Absicht, den Raum zu verlassen, vielleicht auch dadurch realisieren können, dass sie aus dem Raum gekrochen oder aus dem Fenster geklettert wäre.

Eine ähnliche Überlegung kennen wir schon aus der Diskussion des Funktionalismus (3.103). Im Falle der

Handlungen folgt daraus, dass wir unsere Handlungen nicht umstandslos mit bloßen Verhaltensweisen identifizieren dürfen:

5.230 *Handlungen*

(1) *Handlungen* sind Verhaltensweisen, die von gehaltvollen (3.130) Absichten begleitet sind.
(2) Handlungen sind durch die gehaltvollen Absichten, von denen sie begleitet sind, individuiert.
(3) Handlungen können nur durch Identifizierung der gehaltvollen Absichten, von denen sie begleitet sind, spezifiziert werden.
(4) Es gibt keine 1–1-Abbildungen zwischen den Intentionen (3.138) von Handlungen und den physikalischen Verhaltensweisen, durch welche die Handlungen realisiert werden.

Ein bekanntes Beispiel aus der klassischen Antike kann diesen Handlungsbegriff erläutern: Ödipus erschlug den Bettler am Kreuzweg, und er wollte ihn auch erschlagen, denn der Bettler hatte ihn auf das Äußerste gereizt. Dieses Verhalten war ein Mord, aber nicht ein Vatermord, denn der Bettler war zwar tatsächlich der Vater des Ödipus, aber das war Ödipus unbekannt, und er wollte keineswegs seinen Vater erschlagen. Das Tötungsverhalten des Ödipus lässt sich nur unter der Absicht, den unverschämten Bettler zu erschlagen, beschreiben und identifizieren, aber nicht unter der Absicht, den eigenen Vater zu erschlagen. Das können wir deshalb sagen, weil uns weitere Wünsche und Überzeugungen des Ödipus bekannt sind, z. B. seine Überzeugung, dass jeder Mensch seine Eltern in Ehren halten sollte, und daher auch sein Wunsch, die eigenen Eltern in Ehren zu halten.

Im Spektrum zwischen Verhalten und Handeln gibt es

ein interessantes Zwischenglied, mit dem man das spezifische Verhalten vieler Tiere beschreiben kann, die zwar verhaltensplastische Systeme (2.93) sind und einen Geist haben (weil sie subsprachliche Repräsentationen (3.130) und elementare Gefühle (3.169–3.170) haben), nicht aber über propositional gehaltvolle Repräsentationen (3.133) verfügen wie wir Menschen. Man könnte dieses Zwischenglied das *Tun* nennen. Steine beispielsweise tun nichts, denn sie sind keine Systeme. Hingegen ist zum Beispiel bei Fröschen der Übergang vom Wahrnehmen zum Schnappen nach Fliegen ein Tun: Frösche sind Systeme mit höherer Komplexität und Energie als ihre Umwelt, so dass ein Stoffwechsel zwischen Fröschen und Umwelt stattfindet. Und Fliegen (als *auslösende* Ursachen) rufen in Fröschen unter der Bedingung, dass sie sich bewegen und dass die Lichtverhältnisse normal sind (als *strukturelle* Ursache), den kausalen Übergang von der Wahrnehmung zum Schnappmechanismus als motorischer Reaktion hervor. Dieser kausale Übergang ist ein Tun des Frosches, das aus dem Energie-Überschuss gespeist wird, den der Frosch gegenüber seiner Umwelt besitzt. Daher leistet der Frosch *selbst* einen wesentlichen Beitrag zum Zustandekommen seiner motorischen Reaktion. Handlungen sind ein Tun, aber nicht jedes Tun ist eine Handlung:

5.231 *Tun*

Seien S ein System, C ein interner Zustand von S, M eine motorische Reaktion von S; dann ist ein *Tun* von S die kausale Produktion C → M (mit »→« als Ursache-Wirkungs-Relation (2.74–2.77)) einer Bewegung M in S durch C derart,

(1) dass S für die Produktion von C → M den Überschuss an Komplexität und Energie ausnutzt, den S gegenüber seiner Umwelt hat,

(2) dass es gewöhnlich eine auslösende Ursache A für C → M sowie eine strukturelle Ursache B gibt (externe Normalbedingung als notwendige Bedingung) dafür, dass C → M durch A ausgelöst wird.

Ein Tun kann nach 5.231 durch das Schema B ← (A → (C → M)) dargestellt werden (dabei steht B ← dafür, dass B eine notwendige Bedingung für das Folgende ist).

Handlungserklärungen

Wir können Ereignisse auf naturwissenschaftliche Weise erklären, z. B. in Form von DN-Erklärungen (2.90) oder in Form von funktionalen Erklärungen (2.98, 2.99). Aber wenn diese Ereignisse Handlungen sind, wenden wir gewöhnlich eine andere Erklärungsform an. Wenn wir erklären wollen, warum Barbara den großartigen Dialog *Theaitetos* von Platon liest, dann weisen wir z. B. darauf hin, dass Barbara ihr Philosophie-Examen unter anderem über Platon machen will und glaubt, dafür sei es förderlich, ja notwendig, diesen Dialog zu lesen. Oder wir behaupten beispielsweise: Schmidt unterschreibt den Mietvertrag, *weil* er die Wohnung im Schlossgraben Nr. 7 haben will und weil er glaubt, dass dafür das Unterschreiben des Mietvertrages ein (notwendiges oder förderliches) Mittel ist. Diese Beispiele zeigen, dass wir Handlungen gewöhnlich dadurch erklären, dass wir auf eine geeignete Intention (3.138) und Überzeugung der handelnden Person (= des Aktors) hinweisen, die uns ihr Verhalten als *vernünftig* erscheinen lassen. Genau betrachtet handelt es sich also nicht um eine Erklärung in dem gewöhnlichen Sinne, dass eine Erklärung begründen sollte, warum ein Ereignis geschehen *musste*. Eine Handlungserklärung ist vielmehr eine *Rationalisierung* von Handlungen und beruht auf dem *Verstehen* der propositionalen Gehalte (3.133, 3.139) der Absichten und Überzeugungen, durch welche die Handlungen individuiert und geleitet werden:

5.232 *Handlungserklärung (allgemeiner Begriff)*

(1) Die *Erklärung einer von Person S vollzogenen Handlung H* gibt an, warum es für S *rational* war, angesichts ihrer sonstigen Überzeugungen und Wünsche (5.261) H zu vollziehen (damit wird nicht erklärt, warum H von S aufgrund von Naturgesetzen (2.70–2.73) vollzogen werden musste).
(2) Die *Prognose, dass eine Person S eine Handlung H vollziehen wird,* gibt an, warum es *rationalerweise* zu erwarten ist, dass S angesichts ihrer sonstigen Überzeugungen und Wünsche H vollziehen wird (damit wird nicht erklärt, warum S aufgrund von gegenwärtigen oder vergangenen Randbedingungen und Naturgesetzen H notwendigerweise vollziehen wird).

Im einfachsten Fall besteht eine Handlungserklärung aus einem Hinweis auf eine Absicht und eine Überzeugung (= ein *Absichts- und Überzeugungspaar*) des Aktors: Barbara liest Platon, weil sie ihr Philosophie-Examen machen will (Absicht) und weil sie meint, dass die Platonlektüre für das Philosophie-Examen notwendig oder zumindest förderlich ist (Überzeugung). Dabei müssen die Absicht und die Überzeugung von ihren propositionalen Gehalten her in einer geeigneten semantischen Beziehung zueinander stehen: Die Erfüllungsbedingung (3.140 (3)) der Überzeugung muss für die Erfüllungsbedingung der Absicht notwendig sein oder sie zumindest wahrscheinlicher machen, so dass die Beschreibung der Handlung in einem weichen (d. h. nicht-deduktiven, also nicht notwendigerweise logisch gültigen) Sinne aus der Absicht und der Überzeugung *gefolgert* werden kann. Man spricht deshalb hier auch von einem *praktischen Syllogismus* (ein *Syllogismus* ist eigentlich ein logisch gültiger Schluss in der aristotelischen formalen Logik, der *Syllogistik*) – dem Basisschema für Handlungserklärungen:

5.233 *Basisschema der Handlungserklärung*

(1) Im einfachsten Fall besteht eine Handlungserklärung darin, eine Absicht und eine Überzeugung des Aktors zu zitieren, die für eine Rationalisierung der Handlung geeignet sind.
(2) Das *Basisschema* einer einfachen Handlungserklärung hat folgende Form:
  (a) Aktor S wünscht, dass Ziel Z realisiert wird.
  (b) S glaubt, Handlung H sei ein Mittel zur Realisierung von Z. Also
  (c) S vollzieht H.
(3) Die Folgerung von (a) und (b) auf (c) heißt *praktischer Syllogismus.*
(4) Handlungserklärungen heißen auch *intentionale Erklärungen*, weil sie vor allem auf dem Verstehen (3.139) des propositionalen Gehalts (3.133) der Intentionen (3.138) beruhen, von dem die zu erklärende Handlung begleitet und individuiert wird.
(5) Die Prämissen (a) und (b) sind *Gründe* (3.136) für den Vollzug von H.

Im Alltag sind Handlungserklärungen im Sinne von 5.233 sehr verbreitet. Man nennt sie daher – mit leicht arrogantem Unterton – auch *volkspsychologische* Handlungserklärungen. Dieses Schema ist allerdings noch zu einfach. Denn es kann viele Situationen geben, in denen die Bedingungen (a) und (b) aus 5.233 erfüllt sind und der Handlungsvollzug (c) dennoch unvernünftig zu sein scheint.

Nehmen wir beispielsweise an, Schmidt will die schöne Wohnung im Schlossgraben beziehen und glaubt, dass es dafür gut wäre, den Mietvertrag zu unterschreiben. Nehmen wir aber weiter an, dass von den folgenden Fakten einer gilt:

(i) Schmidt will nur eine niedrige Miete zahlen, die Miete der Wohnung im Schlossgraben erweist sich aber als sehr hoch, und Schmidt verzichtet lieber auf die Wohnung, als eine hohe Miete zu zahlen.

(ii) Schmidt könnte die nette Vermieterin heiraten und auf diese Weise die Wohnung bekommen, ohne ein Mietverhältnis einzugehen; und er zieht diese Heirat dem Mietverhältnis vor.

(iii) Die Wohnung ist zwar schön, aber es werden unangenehme, laute Nachbarn einziehen, und Schmidt geht letztlich lieber unangenehmen Nachbarn aus dem Weg, als in die schöne Wohnung einzuziehen.

(iv) Schmidt weiß nicht, wie man einen Mietvertrag unterschreibt.

(v) Schmidt wurde entmündigt und weiß zwar, wie man einen Mietvertrag unterschreibt, darf und kann aber keinen rechtsgültigen Vertrag unterschreiben.

In allen diesen Fällen wäre es für Schmidt *nicht* vernünftig, den Mietvertrag zu unterschreiben, obwohl er tatsächlich die schöne Wohnung im Schlossgraben beziehen will und glaubt, dass es dafür gut wäre, den Mietvertrag zu unterschreiben.

Allgemein ist diese Diagnose so formulierbar: Wenn

Person S Ziel Z realisieren will und glaubt, H sei dafür notwendig oder förderlich, dann ist es für S dennoch *nicht* vernünftig, H zu vollziehen, wenn einer der folgenden Fälle eintritt:

(a) S wünscht auch Z' mit $Z' \supset \neg Z$ und präferiert Z' gegenüber Z.
(b) H ist eines neben anderen Mitteln (z. B. H'), um Z zu realisieren, und S präferiert H' gegenüber H.
(c) H hat Nebenfolgen N derart, dass S die Vermeidung von N der Realisierung von Z vorzieht.
(d) S ist sich im Unklaren darüber, wie H zu vollziehen ist.
(e) S ist nicht in der Lage, H zu vollziehen.

Wir müssen unser Schema der Handlungserklärung daher verbessern und verfeinern, um diese Fälle auszuschließen. Dabei werden die genannten Fälle dadurch berücksichtigt, dass mehr Gründe (in Gestalt von mehr Prämissen) für den Handlungsvollzug aufgeführt werden:

5.234 *Erweitertes Schema der Handlungserklärung*

(a) Person S hat die Absicht, Ziel Z zu realisieren.
(b) S glaubt, dass, wenn sie Handlung H vollzieht, sie damit auch Z realisieren kann.
(c) S glaubt in der Lage zu sein, Z zu realisieren und H zu vollziehen.
(d) S weiß, wie man Z realisiert und H vollzieht.
(e) S glaubt nicht, dass es etwas Besseres gibt als H zu vollziehen, um Z realisieren zu können.
(f) S glaubt nicht, dass der Vollzug von H Folgen hat, die schlimmer sind, als nicht Z realisieren zu können.
(g) S hat nicht die Absicht, ein Ziel zu realisieren, von dem sie weiß, dass es unvereinbar damit ist,

Z zu realisieren, und das sie Z gegenüber vorzieht.

Also:

(h) S vollzieht Handlung H.

Die Standardversion der modernen Handlungstheorie betrachtet den Übergang von den Prämissen zu den Konklusionen der Handlungserklärungen nicht als einen naturgesetzlichen, sondern als einen rationalen Übergang. Die Erklärungsschemata selbst, die in 5.233–5.234 charakterisiert werden, repräsentieren daher nicht Naturgesetze, sondern *Rationalitätsprinzipien.*

Einige Handlungstheoretiker bestehen aber darauf, dass Handlungen nur dann angemessen erklärt sind, wenn der Aktor nicht nur die in 5.233–5.234 aufgelisteten Gründe für seine Handlung *hatte*, sondern wenn es auch diejenigen Gründe sind, die ihn tatsächlich dazu brachten, die entsprechende Handlung zu vollziehen. Diese Theoretiker behaupten, dass Gründe auch Ursachen (2.74–2.77) sein können und dass in Handlungserklärungen die Handlungsrationalisierung durch eine Erklärung aus Ursachen ergänzt werden muss. Damit wird die Verbindung zwischen einem Absichts- und Überzeugungspaar und der Handlung, die wir im praktischen Syllogismus zitieren, zugleich als eine kausale Relation aufgefasst. Das ist in der Tat eine attraktive und überzeugende Überlegung.

5.235 *Umfassende Handlungserklärung*

Eine *Handlung* H von Person S ist *umfassend erklärt*, wenn gilt:

(1) S hat die in 5.234 genannten Gründe (a)–(g).
(2) S ist überzeugt, dass die Gründe (a)–(g) sehr gute Gründe für den Vollzug von H sind.

(3) Die Überzeugungen (1) und (2) von S sind zusammen eine hinreichende Ursache (= ein *Primärgrund*) für den Vollzug von H durch S.
Also:
(4) S vollzieht H.

In 5.235 stellt (2) eine Überzeugung zweiter Ordnung dar, die sich auf die Überzeugungen (Gründe) erster Ordnung (a)–(g) richtet. Obgleich eine umfassende Handlungserklärung eine kausale Erklärung ist (die eine mentale Verursachung (3.126) beschreibt), bleibt die Erwähnung einer rationalen semantischen Beziehung zwischen Gründen und Handlungen nicht nur als propositionaler Gehalt (3.133) der Überzeugung zweiter Ordnung (2) im Spiel, sondern ist *als propositionaler Gehalt* dieser Überzeugung zweiter Ordnung auch eine entscheidende *Ursache* für den Handlungsvollzug. Auch wenn eine umfassende Handlungserklärung von Ursachen (2.74–2.77) spricht, weist sie damit gewöhnlich nicht explizit auf Naturgesetze (2.70–2.73) hin. Auf der physikalischen Ebene ist der Übergang von (1) und (2) zu (4) in 5.235 extrem komplex und bislang in seiner ganzen Komplexität naturwissenschaftlich nicht analysierbar. Man wählt daher für diese Erklärungen nicht die aussichtslose physikalische Einstellung (5.229 (1)). Das oben skizzierte Modell der mentalen Verursachung kann herangezogen werden, um das Schema der umfassenden Handlungserklärung theoretisch zu unterfüttern (3.123–3.126).

Wie steht es mit der *Angemessenheit* von Handlungserklärungen? Nehmen wir an, Schmidt will die Wohnung im Schlossgraben beziehen und unterschreibt den Mietvertrag. Angenommen weiter, wir können diese Handlung nach dem Basisschema oder sogar nach dem erweiterten Schema der Handlungserklärung erklären und rationalisieren. Dann ist unsere Handlungserklärung sicherlich angemessen. Aber wir könnten diese Erklärung vertiefen und verbessern, wenn wir Schmidts Gründe (Absichten, Überzeugungen) für das Unterschreiben des Mietvertrages ihrerseits weiter erklären würden. Wir könnten uns beispielsweise fragen, warum er die Wohnung im Schlossgraben überhaupt beziehen will – vielleicht weil sie in der Nähe seines Arbeitsplatzes liegt und er glaubt, dass er so ohne Auto bequem zur Arbeit kommt, und er möchte auf das Auto verzichten. Doch warum will er auf ein Auto verzichten? Weil er damit einen Beitrag zum Abbau der Luftverschmutzung leisten will. Und warum will er diesen Beitrag leisten? Der Autoverzicht ist ihm zwar sehr lästig, aber er ist Mitglied der Grünen und würde vor seinen Parteifreunden schlecht dastehen, wenn er unter seinen Lebensumständen nicht auf ein Auto verzichten würde, diesen Imageverlust möchte er sich nicht zumuten. Und warum glaubt er, dass er von der neuen Wohnung aus bequem zur Arbeit kommt? Weil er herausgefunden hat, dass er von seiner Wohnung zur Arbeitsstätte eine Straßenbahn benutzen kann, die recht schnell ist, usw.

Es ist klar, dass wir Schmidts Handlung, den Mietvertrag für die Wohnung im Schlossgraben zu unterschreiben, umso besser und angemessener verstehen, je umfassender wir sie auf semantisch konsistente Weise in das Netz seiner übrigen Absichten und Überzeugungen einbetten können (3.154 und der Holismus propositionaler Gehalte, 3.137). Da Handlungserklärungen wesentlich in Akten des Verstehens bestehen, lässt sich das Kriterium für die Angemessenheit von Handlungserklärungen analog zum Kriterium für die Angemessenheit von Verstehen allgemein (3.139) formulieren:

5.236 *Angemessenheit von Handlungserklärungen*

Die Erklärung der Handlung H einer Person S ist
(a) *angemessen* nur dann, wenn H nach dem erwei-

terten Schema der Handlungserklärung (5.234) rationalisiert werden kann,

(b) umso *angemessener*, je umfassender die nach (a) zitierten Gründe von S in ein semantisch kohärentes Netzwerk weiterer Wünsche, Überzeugungen und Handlungen von S eingebettet werden können.

Die Erläuterung 5.236 verweist auf die Möglichkeit, Handlungserklärungen zu erweitern und zu vertiefen, indem man ihre Prämissen ihrerseits erklärt.

Handlungsrationalisierung und klassische Entscheidungstheorie

Das Muster der Handlungsrationalisierung (5.232–5.235) liegt auch der *Entscheidungstheorie* zugrunde, die besser und treffender *Theorie der rationalen Wahl* genannt werden sollte (als direkte Übersetzung von *rational choice theory*). Es ist interessant zu sehen, wie die Theorie der rationalen Wahl mit den Mustern der Handlungsrationalisierung umgeht.

Zunächst *idealisiert* die Theorie der rationalen Wahl diese Muster auf radikale Weise. Die Theorie geht von einem einzigen Individuum aus und spricht ihm *ideale Rationalität* in folgendem Sinne zu: Der *rationale Aktor* hat *vollständig geordnete gewichtete Präferenzen*, verfügt über *vollständige Information* (3.127–3.128) und besitzt einen *vollkommenen inneren Rechner.* Alle möglichen Ereignisse besitzen also für den idealen rationalen Aktor eine evaluative Rangordnung – unabhängig davon, wie groß die Wahrscheinlichkeit ihres Eintretens ist. Von je zwei möglichen Ereignissen E1 und E2 ist stets klar, ob für den idealen rationalen Aktor E1 wertvoller ist als E2, E2 wertvoller als E1, oder ob beide gleich wertvoll sind. Diese Relation ist transitiv: Ist E1 wertvoller oder gleich wertvoll relativ zu E2, und E2 relativ zu E3, so auch E1 relativ zu E3. Und die Vollständigkeit der Information enthält unter anderem für jedes mögliche Ereignis das Wissen, wie wahrscheinlich sein Eintreten ist, unter der Voraussetzung, dass bestimmte andere Ereignisse bereits eingetreten sind (das Wissen umfasst also alle deterministischen und statistischen Naturgesetze (2.70–2.73)). Der ideale rationale Aktor hat stets eine endliche Menge von Handlungsalternativen vor Augen. Er berechnet dann fehlerfrei für jede Alternative (die auch ein Unterlassen von Handlungen sein kann) die *Nutzenwerte* jeder ihrer möglichen Folgen unter Einbeziehung ihrer Eintrittswahrscheinlichkeit und daraus den *erwarteten Nutzen* jeder seiner Handlungsalternativen. Natürlich wählt er die Handlung mit dem höchsten erwarteten Nutzen – darin besteht seine *ideale Rationalität.*

Art und Gehalt der Präferenzen sind dabei unerheblich und können von Aktor zu Aktor variieren. Ideale rationale Aktoren verfolgen in diesem allgemeinen Sinn ihr Eigeninteresse – ob sie egoistische oder altruistische Ziele haben, ob sie Sünder oder Heilige sind, spielt dabei keinerlei Rolle. Die oben eingeführten Schemata der Handlungsrationalisierung (5.232–5.234) erhalten dadurch eine andere Gestalt:

5.237 *Entscheidungstheoretisches Schema der Handlungserklärung*

(i) Person S hat die Handlungsalternativen $x_1, \ldots, x_n$ vor sich.
(ii) S glaubt, dass sie x_i vollziehen kann, und weiß, wie man x_i vollzieht.

(iii) S verfügt über eine Präferenzordnung für alle x_i und alle Folgen jedes x_i.
(iv) S kennt die Wahrscheinlichkeit des Eintritts aller Folgen der x_i.
(v) S kalkuliert den erwarteten Nutzen jedes x_i; der Vollzug von x_k sei die Handlungsalternative mit dem höchsten erwarteten Nutzen.
Also:
(vi) S vollzieht x_k.

Die Theorie der rationalen Wahl ist eines der wichtigsten theoretischen Fundamente der gegenwärtigen Ökonomie. Diese Theorie umgeht allerdings die Frage nach dem Status des entscheidungstheoretischen Schemas der Handlungserklärung, weil sie den Status des inneren Rechners nicht näher diskutiert. Wenn der innere Rechner ein kausaler Mechanismus ist, dann handelt es sich um eine kausale Erklärung. Wenn der innere Rechner ein Vernunftkriterium ist, dann hat 5.237 den Status einer genuinen Handlungsrationalisierung (5.232–5.235). Außerdem stellt sich die Frage, welchen Status die Präferenzen und die Evaluierung (Bewertung) von Ereignissen haben. Im Falle menschlicher Aktoren denken wir meistens an einen *subjektiven* Status, d. h., wir nehmen an, dass die Aktoren wissen oder fühlen, wie es ist, in einem bestimmten Zustand zu sein – wir nehmen insbesondere an, dass sie wissen oder fühlen, ob es angenehm oder unangenehm ist, in diesem Zustand zu sein. Aber im Prinzip gibt es auch nicht-subjektive Evaluierungen, die sich nur nach dem Kriterium der Überlebens- und Reproduktionswahrscheinlichkeit richten, *ohne* dass man sagen könnte, dass das Überleben und Reproduzieren selbst als wertvoll oder angenehm empfunden würde.

Menschen sind offensichtlich keine rationalen Aktoren im idealen Sinne. Aber es ist kaum zu übersehen, dass der

Begriff des rationalen Handelns in der Theorie der rationalen Wahl eine idealtypische Stilisierung des Begriffs des rationalen Handelns ist, der den Intuitionen der elementaren Handlungstheorie (zuweilen auch *Volkspsychologie* genannt) entspricht. Denn rational handeln wir den handlungstheoretischen Intuitionen zufolge dann, wenn wir wissen, was wir wollen, wenn wir eine wohldurchdachte Vorstellung von den wahrscheinlichen Folgen unserer Handlungen haben und wenn wir dementsprechend das wirksamste Mittel zur Durchsetzung unserer Ziele wählen. Die Theorie der rationalen Wahl versucht der Kluft zwischen Ideal und Wirklichkeit des rationalen Handelns unter anderem dadurch entgegenzukommen, dass sie zwischen der Handlungswahl unter Bedingungen der Sicherheit, des Risikos und der Unsicherheit unterscheidet.

Zusätzliche Komplexität erhält die Theorie der rationalen Wahl, wenn sie nicht mehr nur von einem, sondern von mehreren rationalen Aktoren ausgeht. Dann wird die rationale Handlungswahl eines Aktors auch davon abhängen, dass er weiß, dass es andere rationale Aktoren gibt und wie er deren rationale Entscheidungen einschätzt. Mit diesem Schritt ist die *Erweiterung der Theorie der rationalen Wahl zur Spieltheorie* erreicht (man spricht auf dieser Ebene oft auch von *strategischen Entscheidungen* und *Handlungen*):

5.238 Das *Basis-Szenario der Entscheidungstheorie*

Es stehen sich zwei rationale Aktoren S_1 und S_2 gegenüber, die die Wahl zwischen genau zwei Handlungen H_1 und H_2 haben. Dann gibt es vier Möglichkeiten:
(i) S_1 und S_2 vollziehen beide H_1.
(ii) S_1 und S_2 vollziehen beide H_2.
(iii) S_1 vollzieht H_1 und S_2 vollzieht H_2.
(iv) S_1 vollzieht H_2 und S_2 vollzieht H_1.

Das Basis-Szenario geht vom einfachsten Fall aus, um grundlegende Strukturen strategischen Handelns zu studieren. Nennen wir beispielsweise die Aktoren Grete und Hans und verdeutlichen wir uns schematisch die Handlungsmöglichkeiten in der Grundsituation. Angenommen z. B., Grete und Hans begegnen sich in ihren Autos an den entgegengesetzten Enden einer Brücke, über die nur ein Auto fahren kann, und es gibt keinerlei Verkehrsregelung. Dann gibt es vier Möglichkeiten: Beide halten; beide fahren los; Grete fährt, Hans hält; und Grete hält, während Hans fährt. Diese Situation wird oft in einem Schaukasten dargestellt:

			GRETE	
		Halt		**Fahren**
		Grete hält		Grete fährt
	Halt			
		Hans hält		Hans hält
HANS				
		Grete hält		Grete fährt
	Fahren			
		Hans fährt		Hans fährt

Welches dieser möglichen Ereignisse tatsächlich zustande kommt, hängt von der gegenseitigen Erwartung und der Evaluation der Spieler ab. Wir wollen diesen Punkt durch vier Basisspiele konkretisieren. Das Interessante daran ist (auch für spätere Überlegungen zum sozialen Bereich), dass wir mit diesen Basisspielen zu ersten theoretischen Vorstellungen über *Möglichkeiten der Koordination von rationalen Handlungen* (5.230) übergehen. Die Basisspiele lassen sich am übersichtlichsten durch *Schaubilder* definieren, in denen die Evaluationen oder Auszahlungen (der sogenannte pay-off) der verschiedenen entscheidungstheoretischen Situationen für die beteiligten Spieler festgehalten werden. Dabei wird gewöhnlich mit der Null eine schlechte Evaluierung oder Auszahlung, mit der Eins eine bessere Evaluierung oder Auszahlung angezeigt. Allgemein gilt: Je höher die Zahl, desto besser die Evaluierung oder Auszahlung für die einzelnen Spieler. Und in allen Zahlenpaaren gibt die erste Zahl die Auszahlung für den ersten Spieler (im Folgenden Hans), die zweite Zahl die Auszahlung für den zweiten Spieler (im Folgenden Grete) an.

Das erste Basisspiel, das *Koordinationsspiel*, ist durch die Annahme bestimmt, dass sowohl Grete als auch Hans es gleichermaßen schlecht finden, wenn sie beide halten oder beide losfahren, dass sie es besser finden, wenn einer von ihnen fährt und einer hält, dass es ihnen aber egal ist, wer von ihnen zuerst fährt. Es bestehen hier also *keine wirklich gegensätzlichen Interessen* (5.261) von Grete und Hans.

5.239 *Koordinationsspiel*

			GRETE	
		Halt		Fahren
	Halt	0,0		1,1
HANS				
	Fahren	1,1		0,0

Es gibt also zwei »Lösungen« (d. h. optimale Auszahlungen) des Koordinationsspiels: die eine ist (Halt, Fahren), die andere ist (Fahren, Halt). Genauer gilt:

5.240 *Nash-Gleichgewicht*

Wenn in einem entscheidungstheoretischen Spiel kein Spieler eine Strategie (= Handlungswahl) zur Verfügung hat, die, wenn die Strategie der anderen Spielerin gegeben ist, die bessere Strategie ist, dann sind diese Strategien im *Nash-Gleichgewicht*.

Wenn zwei Strategien im Nash-Gleichgewicht sind, dann ist also nach 5.240 die höchste Auszahlung eines Spielers, etwa S_1, nur höchstens gleichwertig mit der höchsten Auszahlung des anderen Spielers S_2 (5.243: (4,2) und (2,4)). Die Lösung (Halt, Fahren) im Koordinationsspiel ist z. B. tatsächlich so bestimmt, dass, wenn Hans anhält, es für Grete rational und am besten ist loszufahren, und dass es, wenn Grete losfährt, für Hans rational und am besten ist zu halten. Jeder Spieler hat eine Strategie (Wahl), die die beste Erwiderung auf die Strategie des jeweils anderen Spielers ist, (Halt, Fahren) ist also im Nash-Gleichgewicht. (Halt, Halt) ist dagegen im Koordinationsspiel nicht im Nash-Gleichgewicht, denn gegeben, dass Hans hält, ist Fahren für Grete besser. Grete hätte dann gegenüber (Halt, Halt) noch eine bessere Strategie zur Verfügung, gegeben, dass Hans hält – nämlich Fahren.

Es ist aber klar, dass auch die zweite Lösung (Fahren, Halt) zwei analoge Strategien für Grete und Hans enthält, die im Nash-Gleichgewicht sind. Und darum sitzen Grete und Hans in der Zwickmühle, denn es ist ihnen nicht klar (obgleich oder gerade weil es ihnen gleichgültig ist), ob nun Grete oder Hans zuerst losfahren soll.

An dieser Stelle ergibt sich also schon die Frage, wie Grete und Hans Handlungen koordinieren sollen, selbst wenn sie ihre gegenseitigen Einschätzungen der Lage kennen und keinen Interessenkonflikt haben. Die Beantwortung dieser Frage verschieben wir auf später. Das Spiel, das wir eben betrachtet haben, heißt jedenfalls nicht deshalb *Koordination*, weil es zeigt, wie rationale Aktoren ihre Handlungen koordinieren, sondern deshalb, weil es gerade zeigt, unter welch minimalen Bedingungen sich das

Koordinationsproblem bereits stellt, und vor allem auch deshalb, weil es voraussetzt, dass beide Spieler generell ein Interesse (5.261) an der Koordination haben müssen.

Aber es sind auch andere Evaluierungen denkbar. Beispielsweise könnte es sein, dass Grete und Hans weiterhin finden, dass (Halt, Halt) und (Fahren, Fahren) gleichermaßen schlechte Ergebnisse sind und die anderen beiden Möglichkeiten besser sind. Zugleich könnten sie *beide* der Meinung sein, dass lieber Grete zuerst losfahren sollte (vielleicht, weil beide die Regel »Ladies first« befolgen).

5.241 *Alternatives Koordinationsspiel*

			GRETE	
		Halt		Fahren
	Halt	0,0		2,2
HANS				
	Fahren	1,1		0,0

Hier ist (Halt, Fahren) die beste Lösung, aber (Fahren, Halt) ist auch eine Lösung in dem Sinne, dass sie ein Gleichgewicht darstellt. Genauer gilt:

5.242 *Pareto-Bewertung*

Ein Ereignis E1 heißt gegenüber einem Ereignis E2 *paretobesser*, wenn in E1 mindestens ein Spieler besser abschneidet als in E2 und kein Spieler in E1 schlechter abschneidet als in E2.

Im Falle des alternativen Koordinationsspieles ist z.B. (Halt, Fahren) paretobesser als (Fahren, Halt) und wird daher definitiv von beiden als Strategie gewählt. Hans wird folglich halten, Grete wird losfahren, und die Koordination ist erreicht. Auch hier gibt es keine Interessenkonflikte. Aber wenn wir zugleich eine Hierarchie paretobesserer Ereignisse haben, kommt Koordination offenbar zustande (das ist natürlich trivial, wenn man die Definition paretobesserer Ereignisse in 5.242 voraussetzt).

Das nächste Basisspiel, das wir betrachten wollen, beruht auf harten Interessenkonflikten. Hans und Grete sind in einen heftigen Streit geraten. Sie stellen sich auf einer einsamen Landstraße mit ihren Autos in einiger Entfernung voneinander auf und fahren dann frontal aufeinander zu. Wer als Erster ausweicht, ist *chicken* – der Angsthase. Für beide wäre ein Gesichtsverlust schlimm, aber ein Frontalzusammenstoß schlimmer. Und am besten wäre es für jede Spielerin, wenn sie selbst mittig fährt und die andere ausweicht.

5.243 Das Spiel *chicken*

			GRETE	
		Ausweichen		Mitte
	Ausweichen	3,3		2,4
HANS				
	Mitte	4,2		1,1

Hier gibt es zwei Nash-Gleichgewichte (4,2) und (2,4) und keine eindeutige Lösung – eine gefährliche Drohsituation.

Einige Experten glauben, dass das Wettrüsten nach *chicken* gespielt wird (und sicherlich haben Kennedy und Chruschtschow seinerzeit in der Kubakrise *chicken* gespielt; in dieser Situation bewies Chruschtschow die Größe, auszuweichen und vor der Weltöffentlichkeit einen Gesichtsverlust hinzunehmen).

Wir hoffen – um auf Grete und Hans zurückzukommen –, dass sie ihren Streit ausgetragen haben, ohne sich aus Halsstarrigkeit gegenseitig zu vernichten, und stellen erfreut fest, dass sie sich sogar angefreundet haben. Aber schon taucht ein neues Problem auf. Sie wollen zusammen ausgehen und entweder ein Konzert oder ein Fußballspiel besuchen. Aber sie haben vergessen, sich darauf zu verständigen, wohin sie gehen wollen, bevor sie sich nach dem Frühstück getrennt haben. Beide wollen lieber den Abend zusammen verbringen als allein, aber Grete geht gern ins Konzert, Hans dagegen lieber zum Fußball. In dieser Situation spielen sie *Geschlechterkampf*:

5.244 Das Spiel *Geschlechterkampf*

			GRETE	
		Fußball		Konzert
	Fußball	4,3		2,2
HANS				
	Konzert	1,1		3,4

Wenn Hans glaubt, dass Grete damit rechnet, dass er auf jeden Fall zum Fußball geht, *und wenn* Grete weiß, dass er das glaubt, und wenn beiden das Schaubild des Geschlechterkampfes vor Augen steht, wird es für Grete rational, auch zum Fußball zu gehen. Und wenn Wiederholungsspiele diese Erwartungen und reziproken Annahmen stützen, wird Grete zu einer Reihe von Unterwerfungsakten genötigt, weil es für sie immer wieder rational sein wird, zum verhassten Fußball mitzugehen.

Dieses Spiel könnte aufschlussreich sein für eine Analyse von Machtrelationen (5.262–5.265), insbesondere zwischen den Geschlechtern. Denn die Lösungen (Fußball, Fußball) und (Konzert, Konzert) sind beide im Nash-Gleichgewicht, aber wenn Hans in einer Machtposition gegenüber Grete ist, wird die Wahl und endgültige Koordination zu seinen Gunsten ausfallen.

Nehmen wir an, Hans und Grete sind auf die schiefe Bahn geraten, begehen einen Einbruch und töten im Affekt den Nachtwächter, der sie überrascht. Die Polizei kommt ihnen auf die Schliche, verhaftet sie und kann ihnen zwar die Diebstähle nachweisen, aber nicht den Totschlag, obgleich sie weiß, dass sie einen Wachmann getötet haben.

Die Polizei benötigt ein Geständnis, und der Polizeichef macht ihnen ein schlaues Angebot. Er lässt Grete und Hans in getrennte Zellen sperren und sagt zu jedem von beiden, dass, wenn sie den Mord gestehen, während ihr Partner nicht gesteht, sie straffrei ausgehen, während ihr Partner lebenslänglich bekommt. Natürlich bekommen sie, wenn sie selbst nicht gestehen, aber der Partner gesteht, lebenslänglich, während der Partner straffrei bleibt. Gestehen beide, so bekommen sie beide zehn Jahre (wegen ihrer Geständnisbereitschaft); gestehen beide nicht, werden sie beide wegen Diebstahls zu drei Jahren verurteilt.

Diese Überlegung lässt sich auch auf den Abschluss von Verträgen anwenden. Wenn Grete und Hans beispielsweise einen Ehevertrag geschlossen haben, wird es bei Straffreiheit für beide im eigenen Interesse am besten sein, wenn sie selbst den Vertrag brechen und die andere Person ihn hält. Am zweitbesten ist es, wenn beide den Vertrag halten, am drittbesten, wenn beide ihn brechen, und am schlechtesten ist es für beide, wenn sie selbst den Vertrag halten und die andere Person ihn bricht. Außerdem soll jeder vom anderen wissen, dass er oder sie diese Eigeninteressen hat und verfolgt.

Wie wird Grete im Gefängnis vorgehen? Wenn Hans schweigt, ist es für sie besser zu gestehen als zu schweigen; wenn Hans gesteht, ist es für sie erst recht besser, zu gestehen als zu schweigen. Grete wird also gestehen. Aber Hans wird exakt dasselbe denken, denn was auch immer Grete tut, ob sie schweigt oder gesteht, stets ist es auch für Hans besser zu gestehen. Also wird auch Hans gestehen, und sie enden bei der drittbesten Möglichkeit (2,2). Darin besteht das *Gefangenendilemma.* Wenn wir Schweigen durch Einhalten, Gestehen durch Brechen des Vertrags ersetzen, ist das Resultat, dass beide den Vertrag brechen werden. Und daher stellt sich die Frage, wie rationale Aktoren unter den Bedingungen des Gefangenendilemmas (vollständige Information und Separation) jemals rational entscheiden können, Verträge einzuhalten, selbst wenn es besser ist, dass alle die Verträge halten, als dass sie sie brechen, und sie dies auch genau wissen.

5.245 Das *Gefangenendilemma*

			GRETE	
		Schweigen		Gestehen
	Schweigen	3,3		1,4
HANS				
	Gestehen	4,1		2,2

Es gibt natürlich noch mehr entscheidungstheoretische Spiele, aber die vier Spiele, die wir kennen gelernt haben, illustrieren *einige Grundtypen strategischen Handelns* im Rahmen einer perfekt rationalen Wahl oder Entscheidung:

(1) Das *Koordinationsspiel* erläutert den Grundbegriff der strategischen Wahl: Welche Entscheidung für Hans rational ist, hängt von der Wahl ab, die Grete trifft, und umgekehrt.

(2) Das *Chickenspiel* zeigt die Gefährlichkeit der Ungewissheit in Spielen mit konfligierenden Interessen und mit mehreren Nash-Gleichgewichten.
(3) Der *Geschlechterkampf* schließlich macht deutlich, wie eine Koordinierung von Handlungen, von denen alle Beteiligten profitieren, dennoch zu Gleichgewichtssituationen kommen kann, die für eine Seite weniger vorteilhaft sind als für andere Spieler.
(4) Das *Gefangenendilemma* weist darauf hin, dass sich mehrere Entscheidungen, die sämtlich individuell rational sind, zu kollektiv ungünstigen Resultaten aufsummieren können.

15. Sozialontologie

Die Idee der Sozialontologie

Einem weit verbreiteten Vorschlag zufolge sind *Gesellschaften* im Wesentlichen als Bereiche des Sozialen zu verstehen. Den Kern des Sozialen bilden *soziale Eigenschaften und Beziehungen* von Personen und Dingen. Aber was sind soziale Beziehungen genauer? Welchen ontologischen Status haben sie, und welche Merkmale sind für sie konstitutiv? Was heißt es zum Beispiel, dass einige Menschen Mitglieder eines Sportvereins sind und somit eine soziale Gruppe bilden, dass jemand Außenminister ist und somit sozialen Status besitzt, oder dass es in einem Staat ein Rechtssystem und somit eine soziale Institution gibt? Und in welcher Weise existieren diese sozialen Entitäten real in unserer Welt, in welcher Beziehung stehen sie zu den natürlichen und geistigen Zuständen und möglicherweise zu Handlungen (5.230), die ihnen zugrunde zu liegen scheinen? Die Beantwortung dieser Frage ist grundlegend dafür, wie wir uns als *soziale* und *politische* Lebewesen sehen. Die wichtigsten Positionen, die die *Sozialontologie* zu diesen Fragen bislang entwickelt hat, werden im folgenden Kapitel vorgestellt.

Sozialontologischer Naturalismus und evolutionäre Entscheidungstheorie

Die allgemeinste These der *sozialontologischen Naturalisten* behauptet, dass soziale Beziehungen spezifische Regularitäten (2.70) oder Naturgesetze (2.70–2.73) sind. Soziale Beziehungen können dieser Auffassung zufolge in einem nicht-intentionalistischen und nicht-normativen Vokabular beschrieben werden. Insbesondere behaupten die sozialontologischen Naturalisten, dass die sozialen Strukturen, die wir gewöhnlich *Regeln* (5.256) nennen, nichts anderes als Regularitäten sind:

5.246 *Allgemeiner sozialontologischer Naturalismus*

(1) *Soziale Beziehungen* sind Regularitäten oder Naturgesetze (gegebenenfalls in statistischer Form), denen Personen unterliegen, insofern sie Handlungen ausführen *(These vom Vorkommen sozialer Regularitäten und Naturgesetze).*
(2) *Regeln* sind nichts anderes als spezifische soziale Regularitäten (*Position des Regularismus,* 5.257 (1)).

Eine vieldiskutierte Version des sozialontologischen Naturalismus ist die *Soziobiologie*, deren zentrale These lautet, dass viele soziale Verhaltensweisen auf Mechanismen der biologischen Evolution (2.94) zurückgehen. Allerdings geht die Soziobiologie davon aus, dass soziales Verhalten auch bei Tieren vorkommt. Beispielsweise gibt es unter Tieren viele Formen altruistischen Verhaltens, bis hin zum Riskieren und Opfern des eigenen Lebens zugunsten anderer Tiere. So verteidigen z. B. Elterntiere ihre Kinder bis zur Selbstopferung, und Vögel warnen ihre Artgenossen mit lauten Schreien vor Fressfeinden, ziehen aber zugleich mit ebendiesem Verhalten die Aufmerksamkeit des herannahenden Fressfeindes auf sich und gefährden sich damit selbst aufs Höchste. Eine typische soziobiologische Erklärung dafür ist, dass die Mechanismen der natürlichen Selektion derartiges altruistisches Verhalten und damit eine *Minderung* des reproduktiven Erfolgs der einzelnen Aktoren tatsächlich favorisieren, *falls* nahe Verwandte des Aktors dadurch ihren reproduktiven Erfolg *signifikant steigern.* Auf diese Weise begünstigt dieser Mechanismus der natürlichen Reproduktion den reproduktiven Erfolg zumindest der *Gene* altruistischer Aktoren unter den Tieren. Damit ist allerdings noch nicht entschieden, ob letztlich Gene, Organismen (Individuen) oder Populationen Ziel der Selektion sind.

Viele Soziobiologen sind jedoch davon überzeugt, dass auch soziale Verhaltensweisen von *Menschen* ein Ausdruck und eine Folge der natürlichen Selektion für reproduktiven Erfolg sind, wie sie die biologische Evolutionstheorie (2.94) beschreibt. In der einfachsten Form wird behauptet, dass menschliches soziales Verhalten von Personen deshalb vorkommt, weil es den reproduktiven Erfolg dieser Personen oder zumindest ihrer Gene steigert. Deshalb würde ein Menschenvater seine Tochter jederzeit vor dem Ertrinken zu retten versuchen, während er bei Fremden gewöhnlich eher zögern und sein eigenes Risiko gegenüber dem Nutzen für einen Fremden genauer kalkulieren wird.

In den meisten Fällen ist eine derart einfache soziobiologische Erklärung menschlichen sozialen Verhaltens allerdings nicht möglich. Denn die meisten sozialen Verhaltensweisen von Menschen lassen sich nicht in offensichtlicher Weise mit dem reproduktiven Erfolg der Gene dieser Menschen korrelieren, sondern eher mit anderen sozialen oder kulturellen Phänomenen (5.278 (4)). Beispielsweise lässt sich rücksichtsvolles Verhalten in vielen Kulturen unter anderem mit der emotionalen Belohnung dieses Verhaltens erklären, die selbst ein kulturelles Phänomen ist. Dies wird von der Soziobiologie auch unumwunden eingeräumt. Doch weisen die Soziobiologen darauf hin, dass diese *proximaten* (= auf unmittelbare Ursachen verweisenden) Erklärungen oft durch umfassendere biologische Erklärungen vertieft werden können, die besagen, dass in einem bestimmten biologischen und kulturellen Umfeld die *Korrelation,* die in der proximaten Erklärung angesprochen wird, ihrerseits durch Hinweis auf reproduktiven Erfolg erklärt werden kann. In unserem Beispiel würden die Soziobiologen zu behaupten und zu begründen versuchen, dass die Etablierung rücksichtsvollen Verhaltens durch emotionale Belohnung etwa in modernen Rechtsstaaten ihrerseits zum reproduktiven Erfolg rücksichtsvoller Menschen beiträgt.

Im Übrigen hängt in diesem Zusammenhang offensichtlich viel davon ab, was wir genauer unter sozialen Beziehungen verstehen sollen. Auf diese Frage werden wir bald zurückkommen.

5.247 *Soziobiologie*

(1) Die *Soziobiologie* ist eine Variante des sozialontologischen Naturalismus, die das Ziel verfolgt, soziales Verhalten von Tieren und Menschen durch Verweis auf den reproduktiven Erfolg dieses Verhaltens für diese Wesen oder ihre Gene im Sinne der Evolutionstheorie (2.94) zu erklären.
(2) Die einfachste soziobiologische Erklärungsform ist, dass das soziale Verhalten V von Person S vorkommt, weil V(S) zum reproduktiven Erfolg (der Gene) von S beiträgt.
(3) Eine komplexere soziobiologische Erklärungsform ist, dass, wenn in einer Kultur K (5.278 (4)) das soziale Verhalten V(S) durch den kulturellen Faktor F hervorgerufen wird, die kausale Beziehung zwischen F und V in K zum reproduktiven Erfolg von V für S beiträgt.

Zwei weitere einflussreiche Varianten des sozialontologischen Naturalismus knüpfen an die Entscheidungstheorie an. Die Erste dieser Varianten, die *Theorie der Konventionen*, geht von entscheidungstheoretischen Spielen und Spielsituationen aus, wie sie im vorangehenden Kapitel skizziert wurden. Sie behauptet, dass spieltheoretisch geklärt werden kann, wie es möglich ist, dass rationale Aktoren im Sinne der Spieltheorie Spiellösungen finden können, die auf *Koordination und Kooperation* zielen und zur Etablierung von *Konventionen* führen. Die Kernidee ist, dass in spieltheoretisch relevanten Situationen oft zufällig Lösungen entstehen, die im *Wiederholungsfall* durch gegenseitige Erwartungen so verfestigt werden, dass sich eine *Konvention* herausbildet. Die Erfahrung der allgemeinen Befolgung einer Konvention ist ferner ein starkes Motiv für *alle*, der Konvention auch weiterhin zu folgen. Auf diese Weise erhält die Konvention *Stabilität*. Stabile Konventionen sind dieser Theorie zufolge Basis und Kern sozialer Beziehungen:

5.248 *Konventionen*

Eine Verhaltensregularität R von Mitgliedern einer Gruppe G, die an einer wiederholt auftretenden Situation S beteiligt sind, ist (nach Lewis) eine *Konvention* gdw bei jedem Auftreten von S unter Mitgliedern von G
(a) jeder R folgt,
(b) jeder von jedem anderen erwartet, dass er R folgt,
(c) jeder es vorzieht, R zu folgen, sofern auch die anderen es tun, und
(d) Faktum (c) gilt, weil S ein Koordinationsproblem ist und die allseitige Befolgung von R in S ein koordinatives Gleichgewicht (= stabile Problemlösung) ergibt.

Faktum (d) in 5.248 ist ein Grund für die bedingte Präferenz (c), weil im Falle eines Koordinationsproblems (5.239, 5.241) die Herstellung einer stabilen Lösung des Problems ohne Interessenkonflikt durch Entscheidung für eines der Nash-Gleichgewichte (5.240) gewöhnlich der Befriedigung der Interessen (5.261) aller Beteiligten dient. Dabei kann eine Verhaltensregularität in einer Situation von Koordinationsproblemen auf unterschiedliche Weise entstehen, z. B. durch Zufall oder durch Abmachung.

Diese Konventionsdefinition enthält dem Anspruch der Theorie nach keine normativen Begriffe. Allerdings ist das benutzte Vokabular zum Teil intentionalistisch, und es gibt Hinweise auf Interessen und deren Befriedigung. Zudem behauptet die Theorie der Konventionen ausdrücklich, dass, wenn in einer Gemeinschaft Konventionen etabliert sind, jedes Mitglied der Gemeinschaft gewöhnlich rationale Gründe hat, diesen Konventionen auch zu folgen, d. h., dass es für die Mitglieder der Gemeinschaft gewöhnlich *vernünftig* ist, den Konventionen zu folgen – dass sie also unter normalen Umständen den Konventionen *folgen sollten*. Betrachten wir – um an das Beispiel zum Koordinationsspiel und Chickenspiel des letzten Kapitels anzuknüpfen – die Konvention (jetzt im Sinne von 5.247), dass im Land Fitekanesien der Rechtsverkehr gilt. Dann ist es der Theorie der Konventionen zufolge wahrscheinlich,

(a) dass die meisten Fitekanesier den Rechtsverkehr einhalten,
(b) dass die Fitekanesierin Grete es vorzieht, ebenfalls den Rechtsverkehr zu beachten (statt ihn zu ignorieren), sofern die meisten Fitekanesier dasselbe tun,
(c) dass die meisten Fitekanesier erwarten und es auch vorziehen, dass Grete den Rechtsverkehr beachtet,
(d) und dass Grete davon ausgehen kann, dass all dies zutrifft.

In dieser Situation hat Grete allen Grund zu glauben, dass es in ihrem eigenen Interesse liegt, den Rechtsverkehr einzuhalten, und dass die Beachtung des Rechtsverkehrs auch im Interesse der anderen Fitekanesier ist. Daher lässt sich folgern, dass Grete (in ihrem eigenen Interesse) den Rechtsverkehr einhalten *sollte*. In diesem schwachen Sinne enthält das Konzept der Konvention, und damit die Idee des Sozialen, auch *Normativität* (vgl. dagegen andere Formen der Normativität, nach 2.95, 3.136, 3.171). Die Theorie der Konventionen ist also nur dann strikt naturalistisch, wenn sich das intentionalistische Vokabular und die schwache Normativität im skizzierten Sinne ihrerseits strikt naturalistisch beschreiben lassen. Diese Bedingung dürfte freilich unerfüllbar sein. Aber selbst wenn die Theorie der Konventionen nicht strikt naturalistisch formuliert werden kann, bleibt sie ein interessanter sozialontologischer Ansatz, der mit recht einfachen Prämissen auskommt.

Eine weitere Variante des sozialontologischen Naturalismus geht von einer Weiterentwicklung der klassischen Spieltheorie aus – der *evolutionären Spieltheorie*. Diese Variante greift weder auf irgendwelche Formen von Normativität zurück, noch benutzt sie intentionalistisches Vokabular (3.139 (6)). Die evolutionäre Spieltheorie geht vom Gefangenendilemma (5.245) mit den Parametern *Defektion* (Verallgemeinerung von Vertragsbruch) und *Kooperation* (Verallgemeinerung von Vertragstreue) und einer konventionellen Bewertung der vier verschiedenen Situationen aus. Aber die Spieler der evolutionären Spieltheorie sind nicht Personen, sondern Strategien:

			SS	
		Kooperation		Defektion
	Kooperation	3,3		0,5
ZS				
	Defektion	5,0		1,1

Dabei ist SS die Spaltenspieler-Strategie und ZS die Zeilenspieler-Strategie.

Was ist eine Strategie? Das lässt sich ganz einfach bestimmen:

5.249 *Spieltheoretische Strategien*

(1) Eine *(spieltheoretische) Strategie* ist eine Entscheidungsregel, die in jeder Situation, die in einem spieltheoretischen Spiel entstehen kann, spezifiziert, was getan wird.
(2) Der erste Zug wird festgelegt. Alle weiteren Züge hängen nach Definition davon ab, was in den bisherigen Zügen geschah.
(3) Die *Situation* hängt dabei wesentlich von der *Geschichte* des Spieles oder zumindest von *Teilen* der Geschichte des Spieles ab.

Punkt (3) ist einer der Gründe dafür, dass die Spieltheorie, die mit Strategien operiert, *evolutionär* genannt wird.

Eine Strategie muss demnach erstens *registrieren*, was die gegnerische Strategie gerade tut, sie muss zweitens *speichern*, wie das Spiel bisher verlaufen ist, und sie muss drittens die Situation *bewerten*. Es gibt unter diesen sehr allgemeinen Bedingungen unzählige verschiedene Strategien. Als Beispiele seien hier zwei oft diskutierte Strategien genannt:

(a) TIT FOR TAT. Erster Zug Kooperation, danach in jedem Zug genau das, was die Gegnerin im vorigen Zug tat. Defektion wird mit Defektion, Kooperation wird mit Kooperation beantwortet.
(b) JOSS: Wie TIT FOR TAT, außer dass JOSS in 10 Prozent der Fälle, in denen die Gegnerin kooperiert, ihrerseits defektiert (diese Fälle werden mit einem Zufallsgenerator ausgewählt).

Strategien können gegeneinander spielen. Ein Spiel zwischen TIT FOR TAT und JOSS über 200 Züge sah z. B. so aus (mit 1 = beide kooperieren: 3 Punkte für beide; 2 = nur T. kooperiert: 0 Punkte für T., 5 Punkte für J.; 3 = nur J. kooperiert: 5 Punkte für T., 0 Punkte für J.; 4 = beide defektieren: 1 Punkt für beide; mit dieser Punkteverteilung kann man dann leicht die Gesamtsumme an Punkten für jede Strategie in einem Spiel mit einer festgelegten Anzahl an Zügen ausrechnen):

Züge 1–20	11111	23232	32323	23232
Züge 21–40	32324	44444	44444	44444

In den restlichen Zügen 41–200 gab es dann weiterhin nur noch die Situation 4, d. h., beide Strategien defektierten vom 25. Zug an konstant. Daraus ergaben sich als Punktzahlen in diesem Spiel: TIT FOR TAT 236; JOSS 241. In diesem Falle siegte also JOSS.

Das Ziel der evolutionären Spieltheorie besteht darin, Kooperation unter individualistisch evaluierenden Wesen zu *erklären*. Freilich ist Kooperation als einer der Parameter in Spielzügen zugleich eine der Voraussetzungen des Spiels. Das könnte zu Konfusionen Anlass geben. Die Auflösung ist einfach: In den Spielzügen ist die Kooperation jeweils eine *einseitige* Reaktion. Was *erklärt* werden soll, ist jedoch *beiderseitige Kooperation* – z. B. die Tatsache, dass *alle* beteiligten Seiten einen abgeschlossenen Vertrag einhalten. Nach Auffassung der evolutionären Spieltheorie ist allseitige Kooperation genau dann erklärt, wenn sich eine Strategie gegen andere Strategien *durchsetzt*. Und das ist im Wesentlichen dann der Fall, wenn eine Strategie gegen die anderen Strategien *siegt* und wenn sie anschließend *stabil* bleibt. Diese Stabilität lässt sich folgendermaßen erklären:

5.250 *Stabilität von Strategien*

(1) Eine neue Strategie A kann in eine alte Strategie B *eindringen*, wenn A in der Interaktion mit B höhere Evaluierungen erzielt, als es der Fall wäre, wenn nur B mit B interagiert.
(2) Eine Strategie ist *kollektiv stabil*, wenn keine andere Strategie in sie eindringen kann.

Die weitere Frage ist, ob *Kooperation auch unter sehr schlechten Bedingungen entstehen kann*, d. h. unter Bedingungen, in denen sich Strategien etabliert haben, die häufig von selbst defektieren (das sind Bedingungen, die ungefähr so schlecht sind wie der Naturzustand in den klassischen Vertragstheorien). Das Problem, welche Strategien kollektiv stabil sind und unter schlechten Bedingungen entstehen können, lässt sich unter anderem in Computerturnieren klären, in denen die verschiedensten Strategien gegeneinander spielen. Dabei erwies sich erstaunlicherweise TIT FOR TAT als beste Strategie – also eine Strategie, die Kooperationen in allseitigem *ausgewogenen* Interesse sehr nahe kommt. TIT FOR TAT kann tatsächlich auch in sehr schlechte Strategien eindringen und ist ihrerseits kollektiv stabil. Kooperation kann mit kleinen Gruppen beginnen und sich mit freundlichen (d. h. häufig kooperierenden) Strategien ausbreiten, die sich gut gegen Invasionen weniger freundlicher Strategien schützen. Die Häufigkeit der Kooperation nimmt tendenziell zu.

Wir können jetzt die zentralen Behauptungen der evolutionären Spieltheorie unter sozialontologischem Aspekt umreißen:

5.251 *Evolutionäre Spieltheorie*

(1) Das *grundlegende Szenario* für die Untersuchung der Entstehung und Stabilisierung sozialer Strukturen ist die Konkurrenz von Strategien.
(2) *Träger von Strategien* sind Populationen repräsentationaler (3.128), evaluierender (= bewertender) und lernfähiger Wesen, zu denen die meisten Tiere und die Menschen gehören.
(3) Eine *soziale Struktur* einer Population repräsentationaler, evaluierender und lernfähiger Wesen ist eine Strategie, die in dieser Population gegenüber allen konkurrierenden Strategien siegt und kollektiv stabil ist.
(4) Soziale Strukturen sind in vielen Populationen *freundlich,* d. h., sie werden von den meisten Mitgliedern der Populationen positiv evaluiert.
(5) Freundliche soziale Strukturen können unter schlechten spieltheoretischen Bedingungen entstehen und kollektiv stabil werden.

Aus 5.251 geht hervor, dass die evolutionäre Spieltheorie nicht nur anzugeben versucht, was soziale Beziehungen im Kern ausmacht, sondern auch zu erklären versucht, wie soziale Strukturen entstehen können und warum viele soziale Strukturen für die meisten Beteiligten vorteilhaft sind. Diese Theorie soll gleichermaßen für Kooperationen zwischen Tieren und Menschen gelten. Sie ist eine naturalistische Theorie, falls der Begriff von Evaluierung, den sie verwendet, seinerseits naturalistisch erklärt werden kann. Und das ist tatsächlich der Fall, denn für die evolutionäre Spieltheorie ist ein Konzept von Evaluierung ausreichend, das nur durch biologische Normativität (nach 2.95) gekennzeichnet ist. Wenn allerdings Menschen ihren Zustand und die Situationen, in denen sie sich befinden, auch auf einem höheren Niveau evaluieren, das wir nur mit einem intentionalistischen oder genuin normativen Vokabular beschreiben können (und das scheint der Fall zu sein), dann lassen sich die Erklärungen der evolutionären Spieltheorie zur Entstehung und Stabilisierung sozialer Strukturen in *menschlichen* Populationen nicht mehr strikt naturalistisch reformulieren.

Soziale Normen und Regeln

Wenn der sozialontologische Naturalismus tatsächlich keine erfolgversprechende Strategie bietet, um die grundlegenden Begriffe und Theorien, mit denen wir das Soziale beschreiben können, einzuführen und plausibel zu machen, müssen wir versuchen, zusätzlich auf die Theorien des Geistes und der Handlungen zurückzugreifen, um an diesem Punkt weiterzukommen. Das ist in der Tat eine Strategie, die in der modernen theoretischen Philosophie verbreitet ist. Meist wird sie das *intentionalistische Programm der Sozialontologie* genannt. Diese Strategie werden wir im Folgenden genauer darstellen.

Das Soziale und die Gesellschaft bestehen diesem Programm zufolge im Wesentlichen aus sozialen Beziehungen. Ein wichtiges und grundlegendes Element sozialer Beziehungen sind *soziale Handlungen* (5.230). Soziale Beziehungen werden im intentionalistischen Programm der Sozialontologie also nicht lediglich als Regularitäten bestimmt (vgl. 5.246).

Wenn man den Bereich des sozialen Handelns aus einer sehr allgemeinen Perspektive betrachtet, springen zunächst zwei Merkmale ins Auge:

(1) Sozial handelnde Menschen scheinen *Normen* und *Regeln* zu befolgen, und zwar in einer Weise, die es sinnvoll macht zu sagen, dass die Menschen den Normen und Regeln folgen *sollten*, dass sie aber

Normen und Regeln auch *übertreten* können. Wären Normen und Regeln nichts weiter als spezifische Regularitäten oder Naturgesetze, wie es der Regularismus behauptet (5.246 (2)), dann würde diese Redeweise offensichtlich sinnlos sein, denn weder können wir Regularitäten oder Naturgesetze übertreten, noch ist es sinnvoll zu sagen, wir sollten unser Verhalten nach ihnen ausrichten, da unser Verhalten ihnen faktisch immer schon unterliegt.

(2) Sozial handelnde Menschen scheinen sich in unterschiedlicher Weise *aufeinander zu beziehen*, beispielsweise indem sie versuchen, andere dazu zu bewegen, etwas Bestimmtes zu tun, oder indem sie ihre Handlungen (5.230) an Handlungen von Mitmenschen ausrichten oder indem sie etwas zusammen tun.

Diese beiden Punkte müssen in der Sozialontologie zuerst behandelt werden. Anschließend können diese Grundlagen benutzt werden, um andere zentrale soziale Entitäten zu bestimmen, vor allem soziale Gruppen, Institutionen und soziale Gemeinschaften. In der theoretischen Philosophie werden diese Themen vor allem aus einer *ontologischen* Perspektive diskutiert: Wenn wir voraussetzen dürfen, dass die Bereiche der Natur, des Geistes und der Handlungen bereits gegeben sind (wie es in den bisherigen Kapiteln beschrieben wurde), in welcher Weise existieren dann *soziale* Entitäten, wie entstehen sie und auf welche Weise stabilisieren sie sich? Eine gute Antwort auf diese Frage erfordert ein sorgfältiges und geduldiges Vorgehen. Wir beginnen mit Punkt (1), also mit dem Befolgen von sozialen Normen und Regeln. Dabei geht es unter anderem darum, über den traditionellen Begriff der Konvention (5.248) hinauszukommen und ein elementares *normatives Vokabular* aufzubauen, das über biologische und semantische Normativität hinausgeht (nach 2.95 und 3.136).

Aus ontologischer Perspektive scheint es klar zu sein, dass dem Befolgen von sozialen Normen und Regeln *Praktiken des Korrigierens und Sanktionierens* zugrunde liegen. Die Praktik des Korrigierens lässt sich noch regularistisch und damit naturalistisch beschreiben. Wenn beispielsweise Essen zubereitet werden soll, weil der Abend naht und alle hungrig sind, dann werden bestimmte Personen je nach ihrem kulturellen Umfeld (5.278 (4)) in dieser Situation meist eine bestimmte Art von Verhalten zeigen, das für diese Situation typisch und regulär ist – sie werden Essen zubereiten. Für die Essenszubereitung wird ein bestimmter *Standard* bestehen, der festlegt, was eine gute oder gar optimale Essenszubereitung ist. Und wenn eine der beteiligten Personen in ihrem Verhalten diesem Standard nicht entspricht, können andere Personen sie dazu bringen, sich zu verbessern, beispielsweise durch geduldiges Vormachen, das dann vom Schüler imitiert wird. Das ist einc elementare Form von *Korrektur*, für die wir nicht auf Begriffe von Handlungen (5.230), Gefühle (3.169–3.170), Normen oder Regeln zurückgreifen müssen. Die Wesen, von denen wir reden, müssen allerdings repräsentieren und imitieren können, und sie müssen natürlich in der Lage sein, wichtige Repräsentationen im Gedächtnis zu speichern. Unter diesen Voraussetzungen lässt sich mit derartigen Korrekturen eine bestimmte Verhaltensweise gegebenenfalls auch *tradieren* (= überliefern, an die nächste Generation weitergeben):

5.252 *Korrekturen von Verhalten*

Seien P und Q Wesen, die imitieren und repräsentieren sowie ihre Repräsentationen (3.128) speichern und wieder abrufen können; dann *korrigiert* P das Verhalten V* (als token, vgl. vor 3.109) von Q in Situation S (wobei V* vom Typ V, also ein V-artiges Verhalten sei), falls gilt:

(1) Es gibt eine Regularität R, der V-artiges Verhalten (als type) von P und Q in S meist genügt, oder es gibt einen Standard ST (der definiert, was ein gutes oder optimales Funktionieren von V-artigem Verhalten in S für P und Q ist), an dem das V-artige Verhalten von P und Q meist ausgerichtet ist.

(2) Wenn V* von Q in S nicht R bzw. ST entspricht, bringt P Q dazu, sein künftiges V-artiges Verhalten in S an R bzw. ST auszurichten.

In vielen menschlichen Gesellschaften werden Verhaltenskorrekturen durch positive oder negative *Sanktionen* vorgenommen, die mit dem Auslösen von angenehmen oder unangenehmen Gefühlen arbeiten – mit dem Zufügen von Schmerzen oder mit Liebesentzug, aber vielleicht auch mit erfreulichem Lob und Belohnungen. Sanktionsgestützte Korrekturen scheinen auf den ersten Blick nur ein Spezialfall von Korrekturen im allgemeinen Sinne von 5.252 zu sein. In Wahrheit stellen sie jedoch eine neue, qualitativ höhere Stufe des sozialen Verhaltens und Handelns dar. Denn mit Gefühlen sind Bewusstsein (3.167) und genuine Normativität im Spiel (3.171), die sich allem Anschein nach nicht naturalisieren lassen:

5.253 *Sanktionen von Verhalten*

Seien P und Q Wesen wie in 5.252, die zusätzlich phänomenal bewusste Gefühle (3.169–3.170) haben; dann *sanktioniert* P das Verhalten V* von Q in S

(1) *negativ*, falls P V* von Q in S korrigiert und diese Korrektur in Q unangenehme Gefühle auslöst, die von Q gespeichert werden, so dass die Wahr-

scheinlichkeit steigt, dass Q künftig in S V* an R oder ST ausrichtet, oder
(2) *positiv*, falls V* von Q in S dem R oder ST genügt und P daraufhin so auf Q einwirkt, dass dies in Q angenehme Gefühle auslöst, die von Q gespeichert werden, so dass die Wahrscheinlichkeit steigt, dass Q künftig in S V* an R oder ST ausrichtet.

Auf der Grundlage von 5.252 und 5.253 können wir einen weiteren elementaren sozialen Begriff einführen, der vor allem für die Kulturtheorie (5.278 (4)) bedeutsam ist, nämlich den Begriff der *Praktik*:

5.254 *Praktik (= Praxis)*

(1) Über Verhaltenskorrekturen oder Sanktionen werden Standards oder Regularitäten von Verhalten *gelehrt und tradiert.*
(2) Eine Verhaltensregularität ist eine *Praktik (Praxis)* nur dann, wenn sie *korrigierbar* und *tradierbar* ist.

Nehmen wir z. B. an, dass es in einer menschlichen Gemeinschaft bestimmte Standards der Essenszubereitung gibt, die durch Korrekturen gelehrt und tradiert werden, die aber zugleich auch durch empfindliche Sanktionen (5.253) durchgesetzt werden. Diese Sanktionen werden dann dazu führen, dass die Wahrscheinlichkeit, dass die meisten Mitglieder der Gemeinschaft den Standards genügen, immer höher wird, und dass schließlich die meisten Mitglieder der Gemeinschaft in Situationen, in denen es gilt, Essen zuzubereiten und sie selbst damit an der Reihe sind, das entsprechende Verhalten auch tatsächlich an den

Tag legen. Wir können dann sagen (und sie können sich auch selbst sagen), dass sie den entsprechenden Standards der Essenszubereitung besser entsprechen *sollten*, um sich Ärger zu ersparen und eventuell gelobt zu werden, obgleich sie natürlich auch in Situationen geraten können, in denen sie den Ärger in Kauf nehmen und den Standards *nicht genügen*. Kurz, die grundlegenden Bedingungen dafür zu sagen, dass das sanktionsgestützte Verhalten dieser Gemeinschaftsmitglieder eine soziale Norm darstellt, sind erfüllt.

5.255 *Soziale Normen*

Verhalten (oder Handlung, 5.230) V von Person P innerhalb einer Gemeinschaft von Personen Q_i in einer wiederkehrenden Situation S ist eine *soziale Norm zum Zeitpunkt t*, falls gilt:

(1) P und die meisten Q_i manifestieren V in S.

(2) Die Abweichung eines Q_k von V in S wird zu allen $t^* < t$ oder $t^* = t$ negativ sanktioniert; die Manifestation von V in S wird gegebenenfalls entsprechend positiv sanktioniert.

(3) Die Umstände (1) und (2) tragen dazu bei, dass sich die Wahrscheinlichkeit von (1) zu $t^{**} > t$ stabilisiert oder erhöht.

Nach 5.255 ist eine soziale Norm nicht eine Vorschrift, die Verhalten reguliert und Sprache voraussetzt, *sondern eine bestimmte Art von regulärem Verhalten oder Handeln* in bestimmten Typen von Situationen. Wenn in einer Gemeinschaft eine soziale Norm im Sinne von 5.255 für ein bestimmtes Verhalten in einer typischen Situation besteht, zum Beispiel für die Essenszubereitung, dann verhalten sich die Gemeinschaftsmitglieder in den meisten Fällen normgerecht, weil sie über Korrekturen und

Sanktionen (5.252–5.253) *dazu disponiert sind*, dieses Verhalten in der entsprechenden Situation zu manifestieren. Diese Verhaltenskonformität erfordert kein Selbstbewusstsein oder Zugangsbewusstsein (3.167 (1)) und ist in den meisten Fällen keine absichtsvolle Handlung (5.230). Man kann sagen, dass sich die Gemeinschaftsmitglieder nicht in der geforderten Weise verhalten, *um damit* der Norm zu entsprechen, sondern *weil* es das traditionsgestützte Bestehen der Norm erforderte, sie dazu zu disponieren, sich in der geforderten Weise zu verhalten, und weil die Korrekturen und Sanktionen das geforderte Verhalten in ihrer Gemeinschaft *allererst zu einer Norm machen.* Damit ist der ontologische Status sozialer Normen geklärt und erweist sich als unproblematisch.

Der nächste Schritt im Aufbau der Sozialontologie ist die Einführung eines Regelbegriffs. Dieser Schritt erweist sich als vertrackter, als es auf den ersten Blick aussieht. Schwierigkeiten bereitet vor allem die Idee des Regelfolgens, denn die Idee des Regelfolgens scheint in einen logischen Regress zu führen. Im allgemeinsten Sinne spezifizieren Regeln ähnlich wie soziale Normen (5.255), wie wir in bestimmten Situationen handeln *sollen*:

(a) »Man soll rechtsherum trinken (d. h. den Becher im Uhrzeigersinn herumreichen)«, ist eine Regel bei antiken Trinkgelagen (= Symposia).

(b) »Im Schach zieht man den Turm nur gerade«, ist eine Spielregel (im Schach).

(c) »Vorgesetzte grüßt man, indem man die Hand an den Kopf führt«, ist eine militärische Regel.

(d) »Wenn du menschlich akzeptiert werden willst, halte deine Versprechen«, ist eine bedingte soziale Regel (ein »hypothetischer Imperativ«, wie Kant sagen würde).

(e) »Sei nicht unnötigerweise grausam zu anderen Menschen«, ist eine moralische Regel.

(f) »Versorge dein Auto immer reichlich mit Öl«, ist eine technische Regel.
(g) »Stelle transitive Beziehungen zwischen allen deinen Präferenzen her«, ist eine rationale Regel.
(h) »Zum Spielen einer C-Dur-Tonleiter aufwärts auf dem Klavier beginne mit einem C und spiele dann nacheinander die nächsten sieben rechtsliegenden weißen Tasten«, ist eine technische Regel.

Diese Beispiele zeigen, dass es zwei große Hauptarten von Regeln gibt. Die Schachregel, die rationale Regel und die letzte technische Regel sind *konstitutive* Regeln, denn man kann nicht Schach spielen, keine Präferenzen haben und keine aufwärts laufende C-Dur-Tonleiter spielen, ohne diesen Regeln zu folgen. Aber man kann z. B. sehr wohl warme Speisen essen oder den Major grüßen, ohne Messer und Gabel zu benutzen oder die Hand zum Kopf zu führen – man kann z. B. auch stets einen Löffel benutzen oder »Hallöchen« zum Major sagen; diese Regeln sind daher nur *regulativ.*

5.256 *Regeln*

(1) *Regeln allgemein*
  (a) sind Spezifikationen der Art und Weise, wie in bestimmten Situationen gehandelt werden sollte,
  (b) gelten stets für Mengen (5.268, nach 5.271) oder Gruppen (nach 5.266, nach 5.271, 5.272) von Menschen (d. h. nicht nur für eine Person),
  (c) können befolgt oder übertreten werden,
  (d) sind sanktionsgestützt, d. h., jede bekannte Regelverletzung wird sanktioniert (5.253).

(2) Es gibt
   (a) *regulative Regeln*, von denen Tätigkeiten reguliert werden, die auch unabhängig von den Regeln ausgeführt werden können, und
   (b) *konstitutive Regeln*, deren Befolgung bestimmte Arten von Handlungen (5.230) allererst ermöglicht und mit der Ausführung dieser Handlungen identisch ist.

Doch gibt es überhaupt Regeln? Das ist eine Frage, die – entgegen dem ersten Anschein – nicht trivial ist, denn die Abgrenzung zwischen Regeln und empirischen Regularitäten (zum Begriff empirischer Regularitäten: 2.70) erweist sich als schwierig. Daher gibt es zu dieser Frage unterschiedliche Antworten:

5.257 *Regularismus und Regulismus*

(1) *Regularismus* ist die Idee, dass Regeln nichts weiter sind als *empirische Regularitäten* des Verhaltens (5.246 (2)).
(2) *Regulismus* ist die Idee, dass
   (a) sich Regeln von empirischen Regularitäten unterscheiden lassen, und
   (b) alle Regeln kognitiv implementiert sind, d. h. dem Regelbefolger ihrem Gehalt (3.130) nach zugänglich sind.
(3) Die *Ablehnung von Regularismus und Regulismus* impliziert die These, dass Regeln im menschlichen Verhalten *implizit gegeben* sind.

Die Idee impliziter Regeln ist jedoch problematisch, denn wir könnten nicht einer Regel folgen, deren Gehalt wir überhaupt nicht kennen und die folglich bei uns nicht kognitiv implementiert ist. Der Philosoph John Searle pflegte zu erzählen, dass seine junge Tochter, die gerade ihren Führerschein gemacht hatte, ihren Vater beim Einparken seines Autos beobachtete. Anschließend rief sie: »Du hast ja brav die Regel befolgt, die ich gerade gelernt habe – parke stets rückwärts ein, fahre zunächst rückwärts bis zur halben Länge deines Wagens und schlage das Steuer dann scharf ein.« So hatte Vater Searle es in der Tat gemacht, und doch erwiderte er: »Dieser Regel bin ich keineswegs gefolgt, denn ich kenne sie überhaupt nicht – ich bin einfach nur ein talentierter Einparker.«

Regelfolgen muss unterschieden werden von *regelgeleitetem Handeln* (also von einem Handeln, das von Dritten als regelgeleitet interpretierbar ist) und von *regulärem Verhalten*, für das nicht Regeln, sondern nur empirische Regularitäten oder Naturgesetze (2.70–2.73) eine Rolle spielen.

Wenn wir Regeln folgen sollen, müssen wir in sie eingeübt werden und folglich ihren Gehalt kennen (z. B. dass man im Schach den Turm nur gerade zieht); mit genügend Übung macht man das später auch »automatisch«, ohne »darüber nachzudenken« – es handelt sich dann um eine Routine, die kausal abläuft, deren Gehalt wir uns aber z. B. auf Nachfrage wieder klar machen können: Solche Routinen zu durchlaufen heißt, *einer Regel implizit zu folgen.*

Wenn wir den Regularismus ablehnen, muss eine Form des Regulismus richtig sein. Aber der Regulismus ist, wie es scheint, ebenfalls mit einem ernsten Problem belastet. Das Argument, das dieses Problem artikuliert, wird oft das *Meisterargument von Ludwig Wittgenstein* genannt. Dieses Argument artikuliert das Problem der Regelanwendung (3.155) in erweiterter und präzisierter Form:

5.258 *Argument gegen den Regulismus* (sogenanntes *Meisterargument von Wittgenstein*)

Regeln legen ihre Anwendung nicht eindeutig fest, denn:

(1) Es gibt eine Kluft zwischen dem expliziten Lernen und dem Anwenden einer Regel, weil Regeln auf potentiell unendlich viele Fälle anwendbar sein sollen und in manchen dieser Fälle unklar sein wird, ob die gelernte Regel auf diese Fälle *berechtigterweise* anwendbar ist.

(2) Für jeden Versuch, in unklaren Fällen zu entscheiden, ob eine gegebene Regel berechtigterweise angewendet wird, scheint eine weitere Regel erforderlich zu sein, die angibt, wie die ursprüngliche Regel in strittigen oder mehrdeutigen Fällen angewendet werden soll.

(3) Mit (1) und (2) geraten wir in einen *unendlichen Regelregress* (vgl. nach 1.12).

Man hat dieses Problem auch so beschrieben, dass es eine unaufhebbare Spannung zwischen der Endlichkeit des Gehaltes einer bestimmten Regel und der unendlichen Vielfalt ihrer Anwendungen gibt: Als endliche Wesen müssen wir Regeln in Gestalt determinierter Gehalte lernen und tradieren, können aber die Unendlichkeit der Anwendungsfälle nicht unter Kontrolle bringen (3.155). Wie weitreichend dieses Problem ist, und wie schwierig unsere Idee von sozialen Regeln ist, wird daran deutlich, dass die drei vorherrschenden Lesarten des Meisterargumentes sämtlich in Probleme führen:

(a) Die *regularistische Lesart*: Die *faktischen* Verhaltensweisen der Gemeinschaft sind *gewohnheitsmäßige Routinen*, vor deren Hintergrund allererst einzelne Regelanwendungen evaluiert (= bewertet) werden können. Aber dies würde bedeuten, dass die an der Übereinstimmung der Gemeinschaft orientierte Evaluation automatisch korrekt wäre: Das Urteil der Gemeinschaft könnte *nicht* inkorrekt sein. Insbesondere wäre es unmöglich, dass die Gemeinschaft ihr Urteil im Lichte besserer Informationen (3.127–3.128) selbst als inkorrekt einstufen könnte. Damit aber bricht die Unterscheidung zwischen regulärem und regelgeleitetem Verhalten zusammen. Diese Lesart verfällt dem Regularismus (5.256 (2)).

(b) Die *skeptische Lesart* (4.191 (3), vgl. nach 4.200): Die Frage, wie die bloße *Geschichte* unseres *faktischen* Tuns bestimmen kann, was wir tun *sollten*, d. h., was zu tun *richtig* oder *angemessen* ist, *kann* keine Antwort finden. Daher ist die Normativität unseres Sprechens und Handelns *explanatorisch mysteriös*, kann aber auf jeden Fall als *irreduzibel* auf faktische Verhältnisse gelten. Diese Lesart muss ein unerklärliches Mysterium akzeptieren.

(c) Die *anti-regularistische und anti-regulistische Lesart*: Die Vorstellung, dass Regelfolgen stets das Befolgen explizit gegebener Regeln ist, führt in einen Regress. Wenn man auch den Regularismus ablehnt, verbleibt nur eine Position: Das Regelfolgen ist eine *implizite* normative Praxis (5.254), ein Befolgen impliziter Regeln. Aber auch diese Idee ist mehr als problematisch.

Eine Lösung zeichnet sich ab, wenn wir von der empirischen Feststellung ausgehen, dass jede endliche Folge von Beispielen zwar auf unendlich verschiedene Weisen klassifiziert werden kann, aber nur aus der Perspektive eines Gottesstandpunktes (vor 1.8, 2.50 (4)). Lebewesen und Menschen, wie wir sie kennen, sind dagegen gewöhnlich evolutionär (2.94) dazu disponiert, diese Folge unter sehr wenigen und sehr spezifischen Aspekten zu klassifizieren, und häufig sogar unter genau einem Aspekt. Diese Aspekte sind durch Überlebensinteressen und andere wichtige Präferenzen im Rahmen der evolutionären und kulturellen (5.278 (4)) Geschichte zum Teil artspezifisch festgelegt worden. Die Fortsetzung einer Sequenz von Klassifikationen erfolgt daher nicht aufgrund von Interpretationen und einer Wahl zwischen verschiedenen Interpretationen, sondern weitgehend im Rahmen von kognitiven Routinen. Diese Lösung beruht also auf einer naturalistischen Argumentation (2.65).

Eine Einführung des Regelbegriffs, die nicht von den oben skizzierten Problemen belastet ist, kann an den oben skizzierten Begriff der sozialen Norm (5.255) anknüpfen. Die Kernidee ist, dass eine Regel eine soziale Norm ist, deren Beschreibung in den Köpfen von Gemeinschaftsmitgliedern kognitiv implementiert ist, deren Gehalt diese Menschen also kennen und die daher verhaltenswirksam werden kann. Wenn eine erfahrene Köchin einem Kochschüler die Standards der Essenszubereitung nicht nur vormacht, sondern auch beschreibt und erklärt, dann kennt der Kochschüler den Gehalt dieser Beschreibung und kann sich nach diesen Anweisungen richten – er kann dieser Regel im vollsten Sinne folgen oder sie auch bewusst übertreten. Diese Idee spezifiziert den allgemeinen Regelbegriff aus 5.256:

5.259 *Regeln (spezifischer Begriff)*

Eine soziale Norm N ist eine *Regel*, falls gilt:

(1) N ist bei den meisten Gemeinschaftsmitgliedern Q_i kognitiv implementiert, d. h., die Q_i meistern eine natürliche Sprache, und der Gehalt einer Beschreibung von N ist Teil des propositionalen Gehalts einiger ihrer Gedanken (3.133, 3.134, vor 3.139).

(2) Die meisten Q_i folgen in der entsprechenden Situation der Norm N.
(3) Die Q_i können ihr Verhalten aufgrund von rationalen Gründen an N ausrichten (d. h., sie können der Regel folgen) oder N übertreten.

Soziale Normen (5.255) und Regeln (5.256, 5.259) enthalten eine *neue Art von Normativität*, die über die biologische und die genuine (an bewusste Gefühle (3.169–3.170) gebundene) Normativität (nach 2.95, 3.171) hinausgeht. Denn soziale Normen und Regeln werden zwar unter anderem unter Rückgriff auf Gefühle definiert, aber sie sind darüber hinaus Formen einer *Bewertung von Verhaltensweisen und Handlungen* (5.230), *die in einer Gesellschaft allgemein gelten.*

Aus den bisherigen Überlegungen ergeben sich zwei Folgerungen zur Vorstellung des impliziten Regelfolgens und der ontologischen Existenz von Regeln:

5.260 *Implizites Regelfolgen und die Existenz von Regeln*

(1) Individuen *folgen einer Regel* (5.256, 5.259) *implizit*, wenn sie die Regel irgendwann explizit gelernt und eingeübt haben und wenn das häufige Befolgen der Regel zu einer kognitiven Routine geworden ist.
(2) Regeln *existieren* insofern, als sie (nach 5.259) überwiegend befolgt werden.

Die Bestimmung von sozialen Normen und Regeln, die wir kennen gelernt haben, operiert mit dem Begriff von Sanktionen. Dieser Begriff blieb aber bisher reichlich vage. Es wurde nur angemerkt, dass Sanktionen mit angenehmen oder unangenehmen Gefühlen (3.171) korreliert sind (5.253). Aber zumindest bei Menschen beruhen Gefühle nicht nur auf biologischen Affekten (3.176 (2)–(3)), sondern auch auf Wünschen und Interessen. Wir können diese Voraussetzung präzisieren, indem wir eine verbreitete Unterscheidung von Wünschen, Bedürfnissen und Interessen einführen, die ihrerseits an Konzepte evaluativer bewusster Zustände (also an Konzepte von Gefühlen) anknüpft:

5.261 *Wünsche, Bedürfnisse, Interessen*

(1) *Wünsche (= Präferenzen)* sind Zustände, deren Erfüllung vom Metagefühl des Wohlbehagens begleitet ist.
(2) *Bedürfnisse* sind Affekte (3.176) oder Gefühle (3.169–3.170).
(3) *Interessen* sind Bedürfnisse, deren Erfüllung die Reproduktionswahrscheinlichkeit sichert oder steigert.
(4) *Objektive Interessen* sind Zustände, deren Befriedigung durch eine möglichst umfassende Selbstrationalisierung (d. h. durch eine möglichst umfassende Rationalisierung der eigenen Handlungen, 5.235) begründet werden kann.
(5) *Ein gutes Leben* besteht überwiegend aus Entscheidungen und Handlungen (5.230), deren Gehalte (3.130) in eine umfassende konsistente (widerspruchsfreie) Selbstrationalisierung integriert werden können und möglichst viele objektive Interessen befriedigen.

Sanktionen beruhen, so können wir im Blick auf 5.261 sagen, hauptsächlich auf Behandlungsweisen, die positiv oder negativ auf Bedürfnisse, Interessen oder sogar objektive Interessen bezogen sind.

Wenden wir uns jetzt dem zweiten der zu Beginn dieses Kapitels genannten Punkte zu (vgl. oben (2) auf S. 51), also jenen Formen, in denen sich sozial handelnde Menschen aufeinander beziehen. Die grundlegendste dieser Formen ist die *Machtbeziehung.* Im Rahmen der Sozialontologie muss der Machtbegriff daher in einem frühen Abschnitt der Theorie eingeführt werden.

Macht

Wenn der Machtbegriff ein grundlegender sozialer Begriff sein soll, dann dürfen wir nicht davon ausgehen, dass Repressivität (also illegitime Unterdrückung objektiver Interessen und Grundbedürfnisse (5.261, 5.299)) konstitutiv für Macht ist. Denn die Idee der Repressivität ist an Vorstellungen von Legitimität oder gar Moralität gebunden, die in der theoretischen Philosophie nicht behandelt und daher auch nicht verwendet werden können. Ein elementarer Machtbegriff, der nicht mit der Idee von Repressivität korreliert ist, lässt sich leicht definieren:

5.262 *Macht im elementaren Sinne*

Eine Person P_1 hat die *Macht (im elementaren Sinne)*, eine Person P_2 zu veranlassen, X zu tun, falls
(1) P_1 über die Gelegenheit und über die Mittel verfügt, P_2 zu veranlassen, X zu tun.
(2) P_1 intendiert, P_2 zu veranlassen, X zu tun.
(3) P_2 aufgrund des Einflusses von P_1 gelegentlich X vollzieht, ohne dass andere Personen P_2 gezwungen hätten, X zu tun.
(4) P_2 ohne den Einfluss von P_1 X nicht getan hätte.

(5) P_1 gewöhnlich nicht identisch ist mit P_2, ohne dass es ausgeschlossen wäre, dass $P_1 = P_2$ ist.
(6) Daraus, dass P_1 in diesem Sinne Macht über P_2 hat, nicht folgt, dass P_2 auch Macht über P_1 hat.

Die Asymmetrie der Machtrelation im Sinne von (6) ist vereinbar mit ihrer Reziprozität, d. h. mit dem Umstand, dass zwei Personen gegenseitig Macht aufeinander ausüben. Ähnlich ist etwa die Liebesbeziehung offenbar eine asymmetrische Relation, aber damit ist glücklicherweise nicht ausgeschlossen, dass zwei Personen einander lieben. Die Bedingungen (1)–(6) in 5.262 scheinen zumindest hinreichend für das Bestehen einer Machtbeziehung zu sein, aber nicht jede dieser Bedingungen ist auch dafür notwendig (vgl. z. B. Bedingung (2)). In jedem Fall aber impliziert das Bestehen einer Machtbeziehung im Sinne von 5.262 nicht, dass wichtige Präferenzen, Bedürfnisse oder Interessen von P_2 frustriert werden oder dass ein Widerstand von P_2 sanktioniert (5.253) würde. Die individualistische Machtexplikation 5.262 definiert also eine repressionsfreie Macht, könnte aber natürlich durch zusätzliche Bedingungen in die Explikation eines repressiven Machtbegriffes überführt werden. Was heißt es aber genauer, dass eine Person andere Personen durch eine Machtbeziehung *veranlassen* kann, etwas zu tun? Nach (1) und (2) aus 5.262 handelt es sich dabei um eine *Handlung*, d. h. um eine Aktivität, die unter einer Intention (3.138) beschrieben werden kann (5.230). Und diese Handlung der machtausübenden Person P_1 lässt sich im Allgemeinen rationalisieren: P_1 hat selbst eine Absicht Z und glaubt, diese Absicht realisieren zu können, wenn sie P_2 veranlasst, X zu tun. Aber auch die Perspektive der Person P_2, auf die Macht ausgeübt wird, muss differenziert werden. Denn wenn P_1 Macht auf P_2 ausübt, bedeutet dies gewöhnlich, dass P_1 in der Lage ist, *Umstände kausal herbeizuführen*, unter denen es für P_2 *rational* wird, X zu tun, *und* dass P_1 eben dies beabsichtigt, nämlich Umstände herbeizuführen, unter denen P_2 zu einer Restrukturierung (= Umordnung) ihrer eigenen Handlungsrationalisierungen (z. B. zu einer neuen Präferenzhierarchie) kommt (5.232–5.235), so dass P_2 vollzieht, wozu P_1 sie veranlassen möchte. Hierin besteht der Sinn von (3) und (4) aus 5.262:

5.263 *Macht (im handlungstheoretischen Sinne)*

Eine Person P_1 hat die *Macht (im handlungstheoretischen Sinne)*, eine Person P_2 zu veranlassen, Handlung (5.230) X zu vollziehen, falls

(1) P_1 über die Gelegenheit und Mittel verfügt, Umstände U kausal herbeizuführen derart, dass es für P_2 unter U angesichts ihrer eigenen Absichten und Überzeugungen rational wird, X zu vollziehen,
(2) P_1 intendiert, Umstände U kausal herbeizuführen derart, dass es für P_2 unter U angesichts ihrer eigenen Absichten und Überzeugungen rational wird, X zu vollziehen,
(3) P_1 Ziele Z hat derart, dass sie überzeugt ist, dass das Vollziehen von X durch P_2 förderlich für die Realisierung von Z ist,
(4) P_2 aufgrund der von P_1 herbeigeführten Umstände U gelegentlich X vollzieht, ohne dass es andere Personen als P_1 gäbe, für die dies unter Bedingungen (1)–(3) gilt,
(5) P_2 ohne U Handlung X nicht so beschreiben könnte, dass X angesichts ihrer eigenen Absichten und Überzeugungen rationalisierbar wäre und folglich Handlung X nicht vollzogen hätte.
(6) Im Übrigen gelten (5) und (6) aus 5.262.

Mit 5.263 wird eine handlungstheoretische Reformulierung der Machtbeziehungen geliefert. Im Allgemeinen hat z. B. ein Feudalherr die Macht, einen Leibeigenen zu veranlassen, unentgeltlich für ihn zu arbeiten, falls der Feudalherr beabsichtigt sowie Gelegenheit und Mittel hat, den Leibeigenen zu veranlassen, unentgeltlich für ihn zu arbeiten, und falls der Leibeigene in der Tat zumindest ab und zu unentgeltlich für ihn arbeitet, ohne dass andere Personen ihn dazu gebracht hätten. Außerdem muss gelten, dass der Leibeigene ohne den Einfluss des Feudalherrn nicht unentgeltlich für ihn gearbeitet hätte und dass daraus, dass der Feudalherr die Macht hat, den Leibeigenen zu veranlassen, unentgeltlich für ihn zu arbeiten, nicht folgt, dass der Leibeigene die Macht hat, den Feudalherrn zu veranlassen, unentgeltlich für ihn zu arbeiten.

Dagegen würden wir z. B. *nicht* sagen, dass der Feudalherr die Macht hat, den Leibeigenen Fritz zu veranlassen, teilweise unentgeltlich für ihn zu arbeiten, wenn Fritz auch ohne jeden Einfluss von außen unentgeltlich für ihn gearbeitet hätte oder wenn Fritz auch und vor allem von der Frau des Feudalherrn dazu veranlasst wurde, teilweise unentgeltlich für ihren Gatten zu arbeiten, oder falls der Feudalherr zwar beabsichtigte und Mittel und Gelegenheit hatte, Fritz zu veranlassen, teilweise unentgeltlich für ihn zu arbeiten, und Fritz ohne jeden Einfluss von außen auf keinen Fall unentgeltlich für ihn arbeiten würde, Fritz aber faktisch nie für ihn unentgeltlich gearbeitet hat.

Genauer betrachtet, erfordert eine Machtausübung, dass z. B. der Leibeigene Fritz es unter den gegebenen Umständen als *rational* oder *vorteilhaft für sich selbst* einschätzt, das zu vollziehen, wozu ihn der Feudalherr veranlassen will – der Feudalherr muss willens und in der Lage sein, Umstände herbeizuführen, die es Fritz *vernünftig erscheinen lassen*, lieber doch teilweise unentgeltlich für den Feudalherrn zu arbeiten.

Mit dem in 5.263 explizierten Machtbegriff ist die Idee einer produktiven Macht vereinbar, die zu einem Befolgen jener Regeln (5.256, 5.259) veranlasst, die allererst Spielräume und Möglichkeiten aufspannen, innerhalb derer Handlungen ausgeführt werden können. Dies gilt natürlich vor allem dann, wenn es sich um Regeln handelt, deren Befolgen für die Ausführung einer Handlung konstitutiv ist. In einem solchen Fall handelt es sich um *regulative Macht*, also um die Macht, andere Personen dazu zu bringen, gewissen Regeln zu folgen. Professoren üben beispielsweise regulative Macht auf die Studierenden aus, denn sie haben die Macht, die Studierenden zu veranlassen, den methodologischen Regeln ihres Faches zu folgen, wie etwa den Beweistechniken in der Mathematik:

5.264 *Regulative Macht*

Person P_1 hat die *regulative Macht*, eine Person P_2 zu veranlassen, Handlung X zu vollziehen, falls gilt:
(1) Bedingungen (1)–(6) aus 5.263 sind erfüllt.
(2) X geht einher mit dem Befolgen einer sozialen oder methodologischen (nach 4.222) Regel R.
(3) Das Befolgen von R ist konstitutiv für Handlung X.
(4) Die Form, in welcher Person P_1 die Person P_2 veranlasst, der Regel R (5.256, 5.259) zu folgen, besteht typischerweise darin, dass eine Praktik (5.254) über P_1 an P_2 tradiert wird, in der R implizit enthalten ist.

Es gibt viele verschiedene Arten von Machtausübung, z. B. physische Gewalt, Zwang, Einfluss, Manipulation, Herrschaft, Paternalismus und transformative Machtausübung:

5.265 *Wichtige Arten von Machtausübung*

(1) A übt *physische Gewalt* auf B aus, wenn A auf physische Weise B an einer Handlungsalternative hindert, die B zu vollziehen wünscht, oder B zu einer Verhaltensweise bewegt, die B nicht zu vollziehen wünscht.
(2) A übt *Zwang* auf B aus, wenn
  (a) A die Fähigkeit hat, die Handlungsumwelt von B zu verändern,
  (b) A damit droht, diese Fähigkeit einzusetzen, falls B nicht in bestimmter Weise handelt,
  (c) B der Drohung von A nachgibt und die von A geforderte Handlung vollzieht.
(3) A übt *Einfluss* aus auf B, falls A mit B in einer kommunikativen Weise interagiert derart, dass aus dieser Kommunikation folgt, dass B seine Einschätzung seiner Handlungsumwelt in einer fundamentalen Weise verändert und entsprechend handelt (Einfluss oder Beeinflussung kann verschiedene Formen annehmen, z. B. Beratung, rationale Überzeugung oder Überredung).
(4) *Manipulation* ist eine repressive (5.299) Form des Einflusses, die das Faktum des repressiven Einflusses erfolgreich zu verschleiern vermag.
(5) *Herrschaft* ist eine positive (= den objektiven Interessen (5.261) dienende) oder repressive Macht, die länger andauert, systematisch umfassend ist und von Gruppen über andere Gruppen ausgeübt wird.
(6) *Paternalismus* ist eine Macht, deren Ausübung den unterworfenen Personen zugute kommen soll, von denen mit guten Gründen angenommen werden kann, dass sie nicht zu einer rationalen Bestimmung ihrer Handlungen oder Lebenspläne

in der Lage sind (wie z. B. sehr kleine Kinder oder schwer geistig Behinderte).

(7) *Transformative Macht* liegt dann vor, wenn die machtausübende Person einem unterworfenen Aktor sowohl nützen will als auch darauf zielt, den unterworfenen Aktor so zu verändern, dass das Machtgefälle zwischen beiden Aktoren aufgehoben wird und der unterworfene Aktor mit denselben Kapazitäten und Fähigkeiten ausgestattet wird wie die machtausübende Person. (Die transformative Macht strebt nach ihrer eigenen Aufhebung.)

Beispiele für diese Arten der Machtausübung sind:

(i) Lehnsherr Franz und die übrigen Mitglieder seines Adelsstandes schlagen ihre Bauern, um sie zu veranlassen, für sie zu arbeiten (physische Gewalt).

(ii) Sie drohen ihren Bauern damit, sie zu schlagen, um sie auf diese Weise zu veranlassen, für sie zu arbeiten (Zwang).

(iii) Sie überreden ihre Bauern, für sie zu arbeiten (Einfluss).

(iv) Sie lassen ihre Bauern glauben, dass es in ihrem eigenen Interesse sei, für sie zu arbeiten, während es »eigentlich« der größte Wunsch der Bauern ist, den freien Tag zu genießen (Manipulation).

(v) Franz und die übrigen Mitglieder seines Adelsstandes bringen die Bauern ihrer Grafschaft dauerhaft dazu, als Leibeigene für sie zu arbeiten (repressiv) oder sich in Schulen weiterzubilden (positiv) (Herrschaft).

(vi) Sie bringen die ungebildeten Bauern, die mit der Bewirtschaftung einer eigenen Parzelle derartig überfordert wären, dass das Land brach liegen würde, dazu, für sie zu arbeiten (Paternalismus).

(vii) Aufgeklärte Lehnsherren, die selbst an der Aufhebung des Systems der Lehnsherrschaft interessiert sind, bringen über Machtausübung ihre Bauern dazu, gebildete und eigenständige Menschen zu werden, so dass die Lehnsherren am Ende nicht mehr in der Lage sind, überhaupt noch Macht auf die Bauern auszuüben – und genau das wird von den aufgeklärten Lehnsherren mit ihrer anfänglichen Machtausübung auch beabsichtigt (transformative Macht).

Wir können uns in unserem Handeln aber auch anders als über Machtbeziehungen aufeinander beziehen. Wenn wir zum Beispiel unsere Handlungen zumindest zum Teil davon abhängig machen, wie wir die mentalen Zustände (3.104) und Handlungen unserer Mitmenschen verstehen und prognostizieren (= voraussagen, nach 3.129), dann haben wir die Basis wechselseitiger sozialer Beziehungen gelegt und *handeln* zumindest in einem schwachen Sinne *sozial* – nämlich unter Berücksichtigung dessen, was andere Menschen denken und tun. Wenn Christine ihren Freund Peter schubst, weil er ihr im Weg steht, also ein physisches Hindernis für sie ist, vollzieht sie keine schwach soziale Handlung. Aber wenn sie ihn rüttelt, um ihn auf sich aufmerksam zu machen, weil sie bemerkt hat, dass er an die Sitzung vom Vortag denkt, dann ist ihr Rütteln unter anderem abhängig von ihrer Interpretation seiner Gedanken und vielleicht von der Sorge um ihre Beziehung – etwa weil diese Beziehung darunter leidet, dass Peter ihr generell zu wenig Aufmerksamkeit schenkt und zu viel an berufliche Angelegenheiten denkt. Das Rütteln ist also eine soziale Handlung im schwachen Sinne. Schwach soziale Handlungen werden nach diesen Überlegungen unter anderem durch Akte des Verstehens (3.139, nach 3.158, nach 3.163) erzeugt und bilden den Kern sozialer Beziehungen. Diese – auch in der Soziologie verbreitete – Erklärung sozialer Beziehungen fußt auf einem nicht-naturalistischen Handlungsbegriff, der in der klassischen Handlungstheorie entwickelt wird, die im letzten Kapitel skizziert wird. Wir wenden uns damit den *anti-naturalistischen Theorien des Sozialen* zu.

5.266 *Schwach soziale Handlungen*

(1) Handlungen mehrerer Personen sind *schwach sozial*, wenn
  (a) die Personen sich wechselseitig die intentionale Einstellung zuschreiben, d. h. einander als interpretierbare (3.158) und rational handelnde Wesen anerkennen,
  (b) jede der Personen die Formierung ihrer eigenen Wünsche (5.261) und Überzeugungen (nach 5.269) unter anderem von ihrer Interpretation der Wünsche und Überzeugungen der übrigen Personen abhängig macht und
  (c) jede der Personen die Wahl ihrer Handlungen unter anderem von ihrer Interpretation und Rationalisierung der Handlungen der übrigen Personen abhängig macht.

(2) Schwach soziale Handlungen sind die Grundlage *sozialer Beziehungen.*

Der Bereich des Sozialen besteht jedoch nicht nur aus schwach sozialen Handlungen, sondern zum Beispiel auch aus sozialen Gruppen, sozialen Rollen und Institutionen. Eine attraktive ontologische (vgl. vor 2.42) Analyse dieser sozialen Entitäten (2.43 (1)), die auf komplexeren und reicheren theoretischen Grundlagen als auf der Annahme schwach sozialer Beziehungen beruht, nutzt die Idee, dass sich diese sozialen Entitäten durch *gemeinsame (kollektive)* mentale Zustände (z. B. gemeinsame Überzeugungen und Absichten) und durch *gemeinsame (kollektive)* Handlungen formieren, in denen mehrere Aktoren gemeinsam andere Menschen auf bestimmte Weise behandeln. Soziale Gruppen beispielsweise beruhen wesentlich auf kollektiven Überzeugungen (ältere Theorien sprechen vom Klassenbewusstsein), und soziale Institutionen oder soziale Rollen entstehen dadurch, dass eine Reihe von Personen einander als Träger gesellschaftlicher Funktionen *kollektiv* behandeln. Eine Person kann dieser Idee zufolge z. B. nur ein Außenminister, ein Stück Pappe kann nur eine Fahrkarte, ein Ereignis kann nur ein Banküberfall sein, wenn Personen, die an Interaktionen mit diesen Dingen beteiligt sind, der Überzeugung sind, dass es sich um Fahrkarten, Außenminister oder Banküberfälle handelt, und wenn diese Personen die entsprechenden Entitäten als Außenminister, Fahrkarten oder Banküberfälle *kollektiv* behandeln.

Diese Idee greift auf die zentrale These der Handlungstheorie zurück, dass Handlungen von gehaltvollen (3.130) Intentionen (3.138) begleitet, individuiert und identifiziert (nach 3.110) werden. Für *kollektive* Handlungen folgt daraus, dass kollektive Handlungen von *kollektiven gehaltvollen Intentionen* begleitet und durch sie individuiert werden. Das Programm der Sozialontologie muss daher mit einer Theorie kollektiver mentaler Einstellungen und kollektiver Handlungen beginnen. Auf dieser Grundlage werden dann Begriffe von sozialen Gruppen und Institutionen eingeführt. Eine der wichtigsten Formen der Formierungsmechanismen kollektiver Einstellungen sind Machtbeziehungen. An dieser Stelle muss das Programm auf den Machtbegriff (5.262–5.265) zurückgreifen. Eine Machttheorie bildet daher ebenfalls einen Teil des Programms.

Zwei der weitreichendsten Folgerungen aus der intentionalistischen Theorie der Sozialontologie sind,

(a) dass der Geist konstitutiv ist für die Gesellschaft in einer Weise, in der er nicht konstitutiv ist für die Natur, und

(b) dass menschliche Subjekte (= Personen) nicht nur im Besitz von Produktionsmitteln sind, sondern prinzipiell auch im Besitz der Mittel zur Transformation sozialer Realität.

Die Erste dieser Folgerungen wendet sich gegen einflussreiche Strömungen von Transzendentalismus, Idealismus (2.64 (1)) und Sozialkonstruktivismus, die zweite Folgerung kann als neue Grundlage für die Möglichkeit einer emanzipatorischen (5.298 (4)) gesellschaftlichen Perspektive dienen.

Kollektive Intentionen und kollektive Handlungen

Die Idee *kollektiver* Handlungen ist, dass mehrere Menschen *gemeinsam* handeln, so dass sie mit Recht sagen können: *Wir* haben (gemeinsam) gehandelt. Kollektive Handlungen beruhen offenbar auf schwach sozialen Handlungen (5.266), aber nicht jede schwach soziale Handlung ist eine kollektive Handlung, denn eine schwachsoziale Handlung kann von einem einsamen Aktor vollzogen werden. Wenn es um *kollektive* Handlungen in diesem stärkeren sozialen Sinne gehen soll, müssen, wie schon angedeutet, auch *kollektive* Intentionen und allgemeiner *kollektive* geistige Einstellungen im Spiel sein. Zunächst müssen wir also umreißen, was eine *kollektive Einstellung* oder eine *Wir-Einstellung* ist.

Wenn Christine beispielsweise davon überzeugt ist, dass Meier der beste Kanzlerkandidat ist, dann hat sie eine gewöhnliche Überzeugung mit dem Gehalt, dass Meier der beste Kanzlerkandidat ist. Aber wenn Christine darüber hinaus auch noch davon überzeugt ist, dass alle anderen Mitglieder ihres Ortsvereins davon überzeugt sind, dass Meier der beste Kanzlerkandidat ist, *und* wenn sie außerdem noch davon überzeugt ist, dass jedes Mitglied ihres Ortsvereins davon überzeugt ist, dass alle anderen Mitglieder ihres Ortsvereins davon überzeugt sind, dass Meier der beste Kanzlerkandidat ist, dann hat Christine die *kollektive Überzeugung* (die *Wir-Überzeugung*) (relativ auf ihren Ortsverein), dass Meier der beste Kanzlerkandidat ist.

Die Kernidee dieser Bestimmung ist also, eine *kollektive* Überzeugung einer *einzelnen* Person dadurch auszuzeichnen, dass zu ihrem Gehalt nicht nur ein gewöhnlicher Gehalt erster Ordnung gehört, sondern auch ein Gehalt zweiter Ordnung, der besagt, dass eine Reihe weiterer Personen dieselbe Überzeugung teilt, sowie ein Gehalt dritter Ordnung, der besagt, dass diese geteilte Überzeugung ihrerseits zum Gehalt wechselseitiger Überzeugungen gehört. Kurz, die *Kollektivität* einer Überzeugung einer einzelnen Person besteht darin, dass sie erst dann wahr ist, wenn sie von anderen Personen geteilt wird *und* selbst Gegenstand einer weiteren wechselseitigen Überzeugung dieser Personen ist:

5.267 *Kollektive Einstellung (Wir-Einstellung) einzelner Personen*

Eine einzelne Person P hat eine *kollektive Einstellung* oder *Wir-Einstellung* der Art A mit dem Gehalt X in Hinsicht auf die Personen $P_1, \ldots, P_n$, gdw gilt:
(1) P hat die A-Einstellung in Hinsicht auf X.
(2) P glaubt, dass die P_i die A-Einstellung in Hinsicht auf X haben.
(3) P glaubt, dass jedes der P_i glaubt, dass P, $P_1, \ldots, P_{i-1}, P_{i+1} \ldots, P_n$ die A-Einstellung in Hinsicht auf X haben.

Die Bestimmung in 5.267 lässt sich in naheliegender Weise auf eine *Menge* von Personen ausdehnen. Beispielsweise hat Christines Ortsverein als *Menge* verschiedener Personen die *kollektive Überzeugung* oder *Wir-Überzeugung*, dass Meier der beste Kanzlerkandidat ist, wenn *jedes einzelne Mitglied* diese kollektive Einstellung hat. Erst in diesem Fall kann *jedes* Mitglied des Ortsvereins mit Recht sagen: »*Wir* (die Mitglieder unseres Ortsvereins) sind *gemeinsam* davon überzeugt, dass Meier der beste Kanzlerkandidat ist.«

5.268 *Kollektive Einstellung (Wir-Einstellung) einer Menge von Personen*

Eine *Menge* von Personen hat die *kollektive* Wir-Einstellung der Art A mit dem Gehalt X gdw jede der Personen eine Wir-Einstellung der Art A mit dem Gehalt X in Hinsicht auf die übrigen P_i (im Sinne von 5.267) hat.

Die Einstellung der Art A, von der in der abstrakten Bestimmung der kollektiven Einstellung in 5.268 die Rede ist, kann selbst eine Überzeugung sein, ähnlich wie im oben angeführten Beispiel zum Ortsverein. Aber sie kann auch eine andere intentionale Einstellung sein, beispielsweise eine *Absicht.* Angenommen, Christine hat die Absicht, in der nächsten Woche eine Flugblattaktion zugunsten der Partei zu veranstalten, dann ist diese Absicht *von Christine als einzelner Person* eine *kollektive Absicht*, in der nächsten Woche eine Flugblattaktion zugunsten der Partei zu veranstalten, wenn Christine davon überzeugt ist, dass alle anderen Mitglieder ihres Ortsvereins die Absicht haben, in der nächsten Woche eine Flugblattaktion zugunsten der Partei zu veranstalten, *und* wenn sie außerdem noch davon überzeugt ist, dass jedes Mitglied ihres Ortsvereins davon überzeugt ist, dass alle anderen Mitglieder ihres Ortsvereins die Absicht haben, in der nächsten Woche eine Flugblattaktion zugunsten der Partei zu veranstalten. Und wenn alle Mitglieder des Ortsvereins als einzelne Personen diese kollektive Absicht haben, dann hat der Ortsverein als Ganzer die kollektive Absicht, in der nächsten Woche eine Flugblattaktion zugunsten der Partei zu veranstalten, und jedes Mitglied darf mit Recht sagen: »*Wir* (die Mitglieder unseres Ortsvereins) haben die *kollektive* Absicht, in der nächsten Woche eine Flugblattaktion zugunsten der Partei zu veranstalten.«

Gewöhnlich werden in der Handlungstheorie Wünsche (Präferenzen, 5.261) und Absichten (Intentionen, 3.138) nicht unterschieden. Aber wenn wir auf bestimmte Weise handeln *wollen*, kann dieser Wille zwei recht verschiedene Zustände einnehmen, die wir terminologisch als *Wünsche* und *Absichten im engeren Sinne* unterscheiden müssen. Christine mag sich z. B. allerlei wünschen – z. B. Klavier zu spielen, auf dem Mond oder ein Mann zu sein. Wünsche können realistisch, aber auch unerfüllbar sein. Wir können widerstreitende Wünsche haben, etwa den Wunsch, in den nächsten Jahren Astronomie in Göttingen zu studieren, *und* den Wunsch, eine diplomatische Ausbildung am Europa-Kolleg in Brügge zu machen. Und wir können zwei Wünsche haben, von denen der eine den anderen übertrumpft: Wir können uns wünschen, allein ein Jahr lang in Frankreich zu leben, aber auch im nächsten Jahr die Beziehung zu unseren Freunden in Frankfurt zu intensivieren; wir wissen, der Wunsch, nach Frankreich zu gehen, überwiegt, aber dennoch wünschen wir uns nach wie vor eigentlich auch, die Beziehung zu unseren Freunden zu intensivieren.

Angesichts dieser und ähnlicher Beispiele können wir einen *engeren Begriff einer Absicht (Intention)* einführen, der eher an einer *Situation der Entscheidung* angesichts unterschiedlicher Wünsche orientiert ist. Denn wenn wir uns *entschieden* haben, in bestimmter Weise zu handeln, dann haben wir zumindest für diese Situation Widersprüche, unrealistische Einstellungen und übertrumpfte Vorhaben beiseite geschoben. Wenn beispielsweise Christine in diesem engeren Sinne die Absicht (Intention) hat, Klavier zu spielen, dann wünscht sie sich, Klavier zu spielen – vielleicht weil sie den weiteren Wunsch hat, sich einen guten Ausgleich zu ihrer intellektuellen Arbeit zu verschaffen, und weil sie glaubt, dass das Klavierspiel ihr diesen Ausgleich verschafft. Aber wenn sie wirklich die *Absicht* hat, d. h., den *Entschluss* gefasst hat, Klavier zu spielen, dann muss sie darüber hinaus glauben, dass sie in der Lage sein wird, Klavier zu spielen, dass es ferner keinen besseren Ausgleich für sie gibt, als Klavier zu spielen, und dass selbst ein erfolgreicher Versuch, Klavier zu spielen, nicht Folgen nach sich zieht, die ungünstiger für sie sind, als nicht Klavier zu spielen. Absichten einer Person in diesem engeren Sinne sind also tatsächlich jene Wünsche, von denen die Person annimmt, dass sie realistisch sind, dass sie alle anderen widerstreitenden Wünsche übertrumpfen und dass sie nicht zu ungünstige Nebenfolgen haben.

Wir können diese Unterscheidung zwischen Wünschen und Absichten auch durch Rückgriff auf eine handlungstheoretische Differenzierung beschreiben, die wir bereits kennen gelernt haben: *Wünsche* sind Zustände, die höchstens durch ein einfaches Absichts- und Überzeugungspaar rationalisiert werden müssen (vgl. das Basisschema der Handlungserklärung, 5.233); *Absichten* oder *Intentionen im engeren Sinne* sind dagegen Wünsche, die nach Kriterien vertiefter Handlungserklärungen zu rationalisieren sind (vgl. das erweiterte Schema der Handlungserklärung, 5.234). Wir müssen dafür nur beachten, dass die Schemata für Handlungsrationalisierungen auch als Schemata für eine Rationalisierung gehaltvoller Absichten und Wünsche verwendet werden können, denn gerade die Wünsche und Absichten, von denen Handlungen individuiert (nach 3.110) werden, sind der Bezugspunkt der Rationalisierung dieser Handlungen:

5.269 *Wünsche und Absichten (im engeren Sinne)*

(1) Eine Person *wünscht*, Handlung X zu vollziehen, falls dieser Wunsch durch einen weiteren Wunsch und eine Überzeugung der Person rationalisiert werden kann, d. h., falls sie Y wünscht und glaubt, Y dadurch zu erreichen, dass sie X vollzieht.

(2) Eine Person *beabsichtigt* (im engeren Sinne), X zu vollziehen, d. h., ist *entschlossen*, X zu vollziehen, falls
   (a) die Person wünscht, X zu vollziehen, und
   (b) die Person
      (i) glaubt in der Lage zu sein, X und damit auch Y zu vollziehen,
      (ii) glaubt, dass es keine bessere Möglichkeit gibt, Y zu vollziehen, als dadurch, dass sie X vollzieht, und
      (iii) glaubt, dass die Folgen des Vollziehens von X nicht schlechter sind als die Folgen des Unterlassens von Y.

Für Absichten (Intentionen) in diesem engeren Sinne sind daher, im Gegensatz zu bloßen Wünschen, eine Reihe zusätzlicher Bedingungen erfüllt: Sie werden *formiert*, d. h., sie entstehen dadurch, dass ein Aktor sich entschließt, in bestimmter Weise zu handeln; sie sind *exklusive Gründe*, d. h., sie übertrumpfen andere Gründe oder schließen sie im Kontext einer praktischen Überlegung als irrelevant aus; sie führen zu dem Versuch, in *rationaler, koordinierter Weise* zwecks Erfüllung des Handlungsplans zu handeln; und sie implizieren, dass, wenn ein Aktor die Intention hat, X zu vollziehen, er nicht die Intention hat, nicht-X zu vollziehen. Zusätzlich gilt: Wenn ein Aktor im engeren Sinne intendiert, X zu vollziehen, dann

(a) glaubt er, in der Lage zu sein (oder lernen zu können), X zu vollziehen,
(b) wird er gewöhnlich versuchen, X zu vollziehen,
(c) wird er, wenn er zusätzlich intendiert, Y zu vollziehen, auch intendieren, X und Y zu vollziehen,
(d) wird er, wenn er außerdem glaubt, dass dafür die intentionale Handlung Y nötig ist, auch intendieren, Y zu vollziehen, und
(e) intendiert er nicht alle Nebeneffekte von X.

Kurz, wenn eine Person eine Intention hat, dann stellt sie diese Intention in den Rahmen einer *Selbstrationalisierung*, die darauf zielt, das wohlverstandene Eigeninteresse zu ermitteln und im wohlverstandenen Eigeninteresse zu handeln. Aber das Formieren und Haben von Intentionen impliziert natürlich noch keinerlei *kollektive* Intentionalität oder Handlung. *Kollektive Intentionalität* im engeren Sinne, also die Intention und der Entschluss, *kollektiv zu handeln*, muss eine Reihe weiterer Kriterien erfüllen.

Was heißt es zum Beispiel, dass vier Personen die Absicht (ab jetzt stets im Sinne von 5.269) haben, zusammen ein Streichquartett zu spielen? Offensichtlich ist, dass dafür die Geigerin beabsichtigen muss, dadurch mit den anderen Personen Streichquartett zu spielen, dass sie ihren eigenen Part – also den Geigenpart – spielt, und dasselbe gilt natürlich auch für die zweite Geige, die Bratsche und das Cello. Offensichtlich ist auch, dass alle vier Instrumentalisten glauben müssen, dass sie in der Lage sein werden, Streichquartett zu spielen, d. h. z. B., dass sie in einem geeigneten Raum zusammentreffen können, die richtigen Noten beisammen haben und über die technischen Fertigkeiten verfügen, ihren Part auch einigermaßen fehlerfrei spielen zu können. Darüber hinaus muss jede Instrumentalistin aber auch glauben, dass das Spielen jedes Parts notwendig ist dafür, das Streichquartett zu spielen, und dass das Spielen aller vier Parts im Spielen des

Streichquartetts resultiert. Aber auch das reicht noch nicht aus. Die Bratsche würde sich nicht entschließen, und damit nicht ernsthaft beabsichtigen, mit den anderen zusammen Streichquartett zu spielen, wenn sie nicht auch glaubte, dass Geigen und Cello beabsichtigen, ihren Part zu spielen, ferner dass auch Geigen und Cello glauben, dass die Voraussetzungen für das Spielen des Streichquartetts erfüllt sind, dass ihr jeweiliger Part notwendig für das Spielen des Streichquartetts ist und dass, wenn sie alle ihren Part spielen, sie tatsächlich Streichquartett spielen werden. Dasselbe gilt vom Gesichtspunkt der beiden Geigen und des Cellos aus. Und endlich muss jede Instrumentalistin glauben, dass jede andere Instrumentalistin glaubt, dass jede andere Instrumentalistin all das glaubt und beabsichtigt, was eben aufgeführt wurde:

5.270 *Kollektive Intention (im engeren Sinne)*

Wenn mehrere Personen die *kollektive Intention* haben, Handlung H zu vollziehen, so gilt:

(1) Jede der Personen beabsichtigt, H dadurch zu vollziehen, dass sie eine spezifische Handlung H_i (als ihren Beitrag zu H) vollzieht.

(2) Jede der Personen glaubt, dass die Voraussetzungen dafür, H zu vollziehen, erfüllt sind.

(3) Jede der Personen glaubt, dass die Ausführung mindestens der meisten H_i notwendig ist für H, und dass die Ausführung zumindest der meisten spezifischen Beiträge H_i in dem Vollzug von H resultiert.

(4) Jede der Personen glaubt, dass jede andere Person beabsichtigt, was in (1) genannt ist, und glaubt, was in (2) und (3) genannt ist.

(5) Jede der Personen glaubt, dass jede andere Person glaubt, was in (4) genannt ist.

Diese Bedingungen (1)–(5) sind gewiss *notwendig* für kollektive Intentionen. Fraglich ist vielleicht, ob sie auch hinreichend sind. Nach (1)–(5) lässt sich der Gehalt der kollektiven Absicht, den jede der Personen hat, etwa so formulieren: (6) Jede der Personen hat die Absicht, dass sie selbst und die übrigen Personen H vollziehen, derart dass (1)–(5) gelten. Nach (6) hat zwar jede der Personen eine Absicht mit einem spezifischen Gehalt (aufgrund der indexikalischen Ausdrücke »sie selbst« und »die Übrigen«), aber die Gehalte nehmen doch in identischer Weise auf die anderen beteiligten Personen Bezug. Das ist ein guter Grund dafür anzunehmen, dass die Bedingungen (1)–(6) *hinreichen* dafür, dass kollektive Intentionen vorliegen.

Im Anschluss an das Konzept der kollektiven Intentionen können wir den Begriff des *kollektiven Handelns* einführen. Das kollektive Spielen eines Streichquartetts ist z. B. eine kollektive Handlung, ebenso das kollektive Tragen eines Tisches, den eine Person allein nicht tragen kann. Wenn zwei Personen jedoch zusammen aufbrechen, um einzukaufen, letztlich aber beide jeweils für sich Verschiedenes kaufen, ohne sich miteinander abzusprechen, so liegt keine kollektive Handlung vor.

Dass vier Personen tatsächlich kollektiv ein Streichquartett spielen, heißt im Kern, dass es vier verschiedene Teilhandlungen gibt (das Spielen der vier verschiedenen Stimmen und Instrumente), die zusammengenommen das Spielen des Streichquartetts ausmachen, dass ferner das Spielen jeder dieser Stimmen und Instrumente (oder im allgemeinen Fall zumindest der Vollzug der meisten Teilhandlungen) auch notwendig ist für das Spielen des Streichquartetts, und dass das Spielen jeder dieser Stimmen und Instrumente durch eine bestimmte Instrumentalistin unter der kollektiven Intention dieser Instrumentalistin beschreibbar ist, das Streichquartett zu spielen.

Ebenso wie das Handeln einer einzelnen Person ein Verhalten ist, das unter einer Intention dieser Person beschreibbar ist, so dass die Handlung über den Gehalt der Intention individuiert und identifiziert werden kann, so ist das kollektive Handeln mehrerer Personen ein Verhalten aller Beteiligten, das unter den kollektiven Intentionen dieser Personen beschrieben werden kann, so dass die kollektive Handlung über den Gehalt der kollektiven Intention individuiert und identifiziert werden kann (zum Ausdruck »individuieren« vgl. oben Punkt (b) nach 3.110):

5.271 *Kollektive (gemeinsame) Handlung*

Mehrere Personen vollziehen die *kollektive (gemeinsame) Handlung* H gdw gilt:

(1) Es gibt spezifische Handlungen H_i derart, dass
   (i) die Ausführung zumindest der meisten H_i notwendig ist für die Ausführung von H, und
   (ii) die Ausführung zumindest der meisten H_i im Vollzug von H resultiert.

(2) Die Personen vollziehen H dadurch, dass sie die meisten H_i vollziehen, die nach (1) für den Vollzug von H notwendig und hinreichend sind, und diese Handlungen H_i sind beschreibbar unter der kollektiven Intention (im engeren Sinne), H zu vollziehen.

Soziale Gruppen

Es ist eine alte Idee, *soziale Gruppen* nicht nur durch den Hinweis auf kollektive *Handlungen* der Gruppenmitglieder, sondern auch durch Verweis auf die *Einstellungen* der Gruppenmitglieder zu identifizieren. Schließlich wollen wir unter sozialen Gruppen nicht nur *Kollektive* verstehen, also Menschenmengen, deren Mitglieder vielleicht einige gemeinsame Merkmale, aber nicht kollektive Überzeugungen oder Ziele oder Verhaltensweisen teilen. Die rothaarigen Frauen oder die übergewichtigen Männer bilden keine soziale Gruppe. In der marxistischen Tradition beispielsweise wurden soziale Klassen zum Teil über ihr Klassenbewusstsein identifiziert. Eine weitere verbreitete Intuition ist, dass es oft gerade soziale Gruppen sind, die *kollektive Handlungen* ausführen. Allerdings ist nicht jede Gruppe von Personen, die kollektive Handlungen durchführen, schon eine soziale Gruppe. Vielmehr muss es in dieser Personengruppe zusätzlich einen *bestimmten* Mechanismus geben, der die kollektiven Intentionen aus den Intentionen der individuellen Personen formiert. Dabei kann es sich z. B. um den Machteinfluss einer Autorität (externe Autorisierung) (5.265) oder auch um freie Übereinkunft (interne Autorisierung) handeln. Auch der Tradierungsmechanismus, der als zentraler Bestandteil von Kulturen gilt (5.278 (4)), ist ein Beispiel für eine Prozedur, die einige kollektive Intentionen produzieren kann.

Unter Verwendung der bisher entwickelten Terminologie können wir diese Intuitionen auf folgende Weise reformulieren: *Mitglieder sozialer Gruppen teilen gewisse kollektive Überzeugungen, haben bereits einige kollektive Handlungen vollzogen und sind kollektiv entschlossen, weitere kollektive Handlungen zu vollziehen.* Es kommt hinzu, dass sich die kollektiven Intentionen, kollektiv zu handeln, rationalisieren lassen müssen, d. h., wir müssen annehmen, dass Personen, die die kollektive Intention haben, kollektiv zu handeln, dieses kollektive Handeln als vorteilhaft ansehen:

5.272 *Soziale Gruppen*

Eine Menge von Personen bildet eine *soziale Gruppe*, wenn

(1) die Personen einige kollektive Handlungen durchgeführt haben,
(2) die Personen kollektive Intentionen (5.270) haben, weitere kollektive Handlungen H zu vollziehen,
(3) unter den Personen ein Mechanismus existiert, der aus ihren individuellen Intentionen ihre kollektiven Intentionen formiert,
(4) die Personen glauben, dass der Vollzug von H unter Voraussetzung des in (3) genannten Mechanismus für *jede* Person vorteilhafter ist als das Unterlassen von H.

Der in (4) erwähnte Vorteil kann von unterschiedlicher Art sein. Er kann z. B. darin bestehen, dass H nicht durch einzelne Personen vollzogen werden kann, aber auch darin, dass H gegenüber nicht-kollektiven Handlungsalternativen die Wahrscheinlichkeit des Handlungserfolges (z. B. die Qualität des Handlungsproduktes) erhöht oder angenehmer und sicherer für alle Beteiligten ist. Die Bedingungen (1)–(4) sind hinreichend, aber vielleicht nicht unbedingt sämtlich notwendig für die Konstitution sozialer Gruppen. Sie sind so stark formuliert, dass jede beteiligte Person glaubt, Vorteile aus ihrer Mitgliedschaft ziehen zu können, und dass jede beteiligte Person glaubt, dass keine außenstehende Person Vorteile aus der Gruppenaktivität zieht. Damit ist im Umriss deutlich geworden, was es heißt, dass soziale Gruppen in unserer Welt existieren: *Soziale Gruppen werden durch die Formierung* (nach 5.269) *kollektiver Intentionen und die Ausführung kollektiver Handlungen konstituiert.*

Macht (5.262–5.265) und kollektive Wir-Einstellungen lassen sich aufeinander beziehen: Kollektive Wir-Einstellungen werden zum Teil über die Ausübung von Macht *formiert.* Insofern liegen Machtrelationen kollektiven Intentionen, kollektiven Handlungen und der Bildung sozialer Gruppen zugrunde. Aus diesem Grund muss »Macht« in der Tat als gesellschaftstheoretischer Grundbegriff betrachtet werden.

Wir können uns jetzt, nachdem wir über die Umrisse einer Idee von Regeln und Macht verfügen, dem letzten Schritt in der Entfaltung der Sozialontologie widmen: der Bestimmung von sozialem Status und sozialen Institutionen.

Sozialer Status und Institutionen

Die soziale Realität in den meisten Gesellschaften besteht nicht nur aus kollektiven Handlungen, die auf kollektiver Intentionalität beruhen und oft mit (gegebenenfalls gegenseitigem) rationalem Erwartungsdruck verbunden sind. Die meisten Gesellschaften teilen vielen ihrer Mitglieder darüber hinaus verschiedene Formen von *sozialem Status* zu und etablieren *institutionelle Regelsysteme*, in denen sich das gemeinsame Leben vollziehen soll.

Sozialer Status besteht grundsätzlich in einer *Verpflichtung* oder *Berechtigung*, in bestimmter Weise zu reden oder zu handeln. Die zentrale Idee der intentionalistischen Theorie der Sozialontologie an dieser Stelle ist, dass innerhalb einer sozialen Gruppe von Menschen eine Person nur dann einen sozialen Status (eine Berechtigung oder Verpflichtung, in gewisser Weise zu handeln) hat, wenn die übrigen Gruppenmitglieder diese Person als berechtigt oder verpflichtet anerkennen oder behandeln, in dieser Weise zu handeln. Sozialer Status und soziale Rollen werden durch Akte der Anerkennung oder des Behandelns-als … erzeugt. Diese Idee muss auf der Grundlage der bisherigen Überlegungen ausbuchstabiert werden.

Wir müssen zunächst eine möglichst allgemeine Analyse des sozialen Anerkennens vornehmen. Das Anerkennen sollte dabei nicht primär epistemologisch (als ein Ansehen-als ...), sondern primär handlungstheoretisch (als ein Behandeln-als ...) verstanden werden. Eine Person wird beispielsweise zur Vorsitzenden des Ortsvereins Hintertupfingen dadurch, dass die Mitglieder des Ortsvereins diese Person als Vorsitzende behandeln. Und dazu gehört zumindest,

(a) dass die Mitglieder des Ortsvereins diese Person und den Begriff einer Vorsitzenden des Ortsvereins Hintertupfingen kennen,
(b) dass diese Person über die Eigenschaft, Fähigkeiten und Kenntnisse verfügt, die Arbeit einer Vorsitzenden des Ortsvereins Hintertupfingen durchzuführen, und dass die Mitglieder des Ortsvereins genau davon auch überzeugt sind,
(c) dass die Mitglieder des Ortsvereins die Person mit Absichten behandeln, in deren Gehalt der Begriff einer Vorsitzenden des Ortsvereins Hintertupfingen vorkommt (z. B. in Handlungen einer politischen Wahl), und
(d) dass die Mitglieder des Ortsvereins im Umgang mit dieser Person Bedingungen und Konsequenzen respektieren, die für das Handeln einer Vorsitzenden des Ortsvereins Hintertupfingen typisch sind.

Das sind zumindest einige notwendige Bedingungen dafür, dass die Mitglieder des Ortsvereins von Hintertupfingen eine Person als Vorsitzende des Ortsvereins Hintertupfingen behandeln. Man könnte hinzufügen, dass die Mitglieder des Ortsvereins der Person die *Verwendungsfunktion* einer Vorsitzenden des Ortsvereins Hintertupfingen zuweisen, wenn sie sie als eine solche Vorsitzende behandeln *und* zusätzlich glauben, dass die Arbeit einer Vorsitzenden des Ortsvereins ein Bestandteil eines politischen Systems ist, das sie alle befürworten:

5.273 *Soziales Behandeln-als …*

(1) Eine Person *behandelt x als y* (wobei x ein Gegenstand oder eine andere Person sein kann) nur dann, wenn diese Person x und y sprachlich beschreiben kann, ferner x als y behandeln will und schließlich eine zutreffende Meinung darüber hat, wie y in x realisiert werden kann und welche kausalen Effekte y-Dinge haben.

(2) *Mehrere Personen behandeln x als y*, falls gilt:
   (a) Die Personen behandeln x kollektiv als y.
   (b) Wenn eine der Personen x nicht als ein y behandelt, wird sie von den übrigen Personen bestraft.

(3) Mehrere Personen *weisen x die Verwendungsfunktion y zu*, falls gilt:
   (a) Die Personen behandeln x als y.
   (b) x und y gehören zu einem System S (2.93) derart, dass die Behandlung von x als y für die Aufrechterhaltung von S förderlich ist.
   (c) Die Personen evaluieren die Aufrechterhaltung von S positiv.

Wenn x die Verwendungsfunktion y hat, dann kann x diese Funktion mehr oder weniger korrekt (und im äußersten Fall: überhaupt nicht) ausführen. Denn die Bedingungen (2)(a)–(c) sind keineswegs hinreichende Ursachen dafür, dass x die Verwendungsfunktion y in jedem Falle angemessen ausführt.

Mit 5.273 wird z. B. der Fall abgedeckt, dass eine Menge von Personen bestimmte Papierstücke als Geld behandeln, d. h. diesen Papierstücken im Rahmen kollektiver Handlungen die Verwendungsfunktion zuweisen, Geld zu sein. Auf diese Weise wird aus physischen Gegenständen eine soziale Entität, nämlich Geld. Diese soziale Entität wird durch kollektive Akte der Anerkennung, also durch kollektives Behandeln physischer Gegenstände durch eine Anzahl von Personen (im erläuterten Sinne von 5.273) in die Existenz gebracht und in der Existenz gehalten.

Wichtig ist nun aber der spezielle Fall, dass gewisse Personen im Rahmen einer kollektiven Handlung nicht gewissen Gegenständen, *sondern anderen Personen* eine Verwendungsfunktion zuschreiben. In diesem Fall sollten wir von einer *Statusfunktion* reden. Einer Person eine Statusfunktion zuzuschreiben heißt, sie *als berechtigt oder verpflichtet zu behandeln, auf eine bestimmte Weise zu handeln.* Für diese Handlungen sind meist bestimmte Regeln konstitutiv; und zur Zuweisung einer Statusfunktion gehört, dass die zuweisenden Personen die Beachtung dieser Regeln positiv – und ihre Missachtung negativ – sanktionieren. Diese Sanktionen (5.253) sind ein wesentlicher Bestandteil der Aufrechterhaltung des sozialen Status.

5.274 *Zuweisung von Statusfunktionen*

Die Personen P_i weisen der Person P die Statusfunktion y zu, falls gilt:

(1) Die P_i weisen P kollektiv die Verwendungsfunktion zu, in einer Situation vom Typ S auf die Weise H zu handeln.
(2) Für Handlung H von P in S ist eine Regelmenge R konstitutiv.
(3) Für die in (1) erwähnte kollektive Handlung der P_i ist eine Regelmenge R* konstitutiv.
(4) Wenn P in S die Regeln R befolgt und folglich H vollzieht, und wenn die P_i dies entweder positiv sanktionieren (5.253) oder P gewähren lassen, so *behandeln* die P_i die Person P in S als *berechtigt,* H zu vollziehen, und dadurch *ist* P *berechtigt,* H zu vollziehen.

(5) Wenn P in S die Regeln R nicht befolgt und folglich H nicht vollzieht, und wenn die P_i dies negativ sanktionieren (5.253), so *behandeln* die P_i die Person P als *verpflichtet,* H in S zu vollziehen, und dadurch *ist* P *verpflichtet,* H in S zu vollziehen.
(6) Das positive oder negative Sanktionieren seitens der P_i ist ein Befolgen der Regelmenge R*.
(7) Wenn die Bedingungen (1)–(6) erfüllt sind, ist y die *Statusfunktion* oder der *soziale Status* der Person P, Handlung H in S berechtigt bzw. aus Verpflichtung auszuführen.

Durch die in 5.274 aufgeführten kollektiven Handlungen der P_i und der damit verbundenen Befolgung der Regelmenge R* wird diese Regelmenge in die Existenz gebracht und erhalten; durch die Handlung H von P, und damit letztlich ebenfalls durch die Befolgung von R* durch die P_i, wird auch die Regelmenge R in die Existenz gebracht und erhalten.

Wenn und insofern z. B. eine soziale Gruppe (5.272) zwei Menschen kollektiv als Eheleute behandelt, indem sie regulative sanktionsgestützte (5.253) Macht auf sie ausübt (5.262–5.265), *besteht die Ehe zwischen diesen beiden Menschen*; wenn und insofern die Mitglieder einer Firma einen Menschen kollektiv als Vorsitzenden behandeln, indem sie regulative sanktionsgestützte Macht auf ihn ausüben, *ist dieser Mensch auch im ontologischen Sinne ein Vorsitzender.* Ein detaillierter ausgeführtes Beispiel kann diesen Gedanken – und damit 2.273 sowie 2.274 – weiter verdeutlichen:

(a) Christine und Peter erfüllen die physischen und sozialen Voraussetzungen, um heiraten zu können.
(b) Der Standesbeamte Fritz und der Richter Otto sind der Meinung, dass (a) der Fall ist.

(c) Fritz und Otto wissen, was unter physischen Voraussetzungen der Heirat und unter der Heirat selbst zu verstehen ist.

(d) Fritz und Otto vollziehen an Christine und Peter Handlungen, etwa die Trauung oder eine Verurteilung zu Unterhaltszahlungen, die von Intentionen begleitet werden, in deren Gehalten (3.130) die Vorstellung der Heirat vorkommt.

(e) Dabei berücksichtigen Fritz und Otto z. B., dass Verheiratete oft Kinder zeugen oder unter bestimmten weiteren Bedingungen eine förmliche Gütertrennung unterlassen.

(f) Alle oder viele Menschen könnten Christine und Peter als Verheiratete behandeln, d. h. z. B., diese Menschen behandeln sie *als* verpflichtet, zueinander zu halten oder die rechtlichen Konsequenzen ihrer Heirat zu akzeptieren – und *als* berechtigt, voneinander Unterstützung zu fordern oder sich vom Ehepartner scheiden zu lassen. Christine und Peter werden belohnt, wenn sie diesen Erwartungen entsprechen, und sie werden bestraft, wenn sie diesen Erwartungen nicht entsprechen. Diese Art und Weise, Christine und Peter zu behandeln, ist eine *kollektive* Handlung, die von kollektiven Absichten begleitet ist. *Das* heißt es im Wesentlichen, dass Christine und Peter verheiratet *sind*, also dass die Ehe zwischen ihnen *besteht*.

Die Erfüllung dieser Bedingungen könnte man z. B. auch durchspielen für eine bestimmte Art und Weise, im Rahmen kollektiver Handlungen bestimmte Papierstücke *als Zahlungsmittel* zu behandeln, und dadurch diese Papierstücke allererst *zu Geld zu machen*. Dies würde es dann im Wesentlichen heißen, *dass es* in einer Gesellschaft *Geld gibt*.

Diese Beschreibung der Formierung von sozialem Status lässt deutlich werden, dass die *Macht* (5.262–5.265) dabei eine *doppelte Rolle* spielt. Denn wenn eine Gruppe von Menschen einer Person eine Statusfunktion zugewiesen hat und mittels Sanktionen (5.253) sogar die Aufrechterhaltung dieser Statusfunktion sichert, dann erhält und hat diese Person auch *Rechte* und *Berechtigungen*, auf deren Grundlage sie ihrerseits Macht ausüben kann. Die Vorsitzende des Ortsvereins Hintertupfingen und der Standesbeamte haben beispielsweise die Macht, die Diskussion im Ortsverein nach Geschäftsordnung zu regeln bzw. einem Liebespaar gegebenenfalls die Verheiratung zu verwehren.

5.275 *Sozialer Status und Macht*

(a) Sozialer Status *beruht* auf der Macht (5.262–5.265) der zuweisenden Personen.
(b) Zugleich ist sozialer Status auch mit (abgeleiteter) Macht für die mit sozialem Status ausgestattete Person verbunden.
(c) Die kollektive Zuweisung von sozialem Status und sozialen Rollen ist daher zugleich eine Zuweisung von Machtfunktionen.

Aus 5.275 lässt sich ein elementarer Begriff von *Institution* gewinnen. Die zentrale Idee dabei ist, dass eine Institution eine Regelmenge ist, durch deren Befolgung eine Aktivität mehrerer Personen als eine kollektive Handlung konstituiert wird, die darin besteht, kollektiv ein x als ein y zu behandeln und dem x auf diese Weise die Verwendungsfunktion y zuzuschreiben (im Falle von x als Personen handelt es sich dabei um eine Statusfunktion). Genau genommen sind in diesem Fall zwei verschiedene Regelmengen im Spiel. Einerseits werden die kollektiven Handlungen, durch die ein sozialer Status zugewiesen wird, von

Regeln konstituiert. Ein konstitutiver Bestandteil der Zuweisung des Status der Vorsitzenden des Ortsvereins Hintertupfingen ist beispielsweise eine Wahl, für welche die Regeln der Geschäftsordnung konstitutiv sind. Außerdem ist aber die Arbeit der Vorsitzenden von Regeln bestimmt, die aus dem sozialen Status der Vorsitzenden folgen (5.264, 5.275), weil diese Regeln zur Definition dieses bestimmten sozialen Status gehören. Diese beiden Arten von Regeln (also von Regeln, die Status zuweisen, und von Regeln, die auf Status basieren) und ihre wechselseitigen Beziehungen machen den Kern einer bestimmten politischen Institution aus. Ebenso werden Menschen nach bestimmten Verwaltungsregeln zu Richtern oder Staatsanwälten ernannt, haben dann aber die Berechtigung, nach weiteren Regeln, die durch die Gesetzbücher bestimmt sind, Recht zu sprechen oder anzuklagen. Diese beiden Arten von Regeln und ihre wechselseitigen Beziehungen machen den Kern der rechtlichen Institution aus. Und eine institutionelle Tatsache ist einfach die Tatsache, dass ein Gegenstand oder eine Funktion eine Verwendungsfunktion oder Statusfunktion hat:

5.276 *Institutionen und institutionelle Tatsachen*

Unter den Bedingungen von 5.274
(i) ist die Vereinigung der Regelmengen R und R* eine *Institution*;
(ii) ist die Tatsache, dass Person P in Situation S den sozialen Status hat, zur Handlung H berechtigt oder verpflichtet zu sein, eine *institutionelle Tatsache.*

Institutionen sind dann insbesondere *sanktionsgestützte* Regelmengen. Und ihre Existenz ist von den kollektiven Handlungen und Regeln abhängig, durch die sie erzeugt werden. Diese kollektiven Handlungen sind meist u. a. dadurch motiviert, dass die Aktoren die erzeugten Institutionen für notwendige Bedingungen (1.12) eines umfassenderen gesellschaftlichen Systems halten, das sie befürworten.

5.277 *Ontologische Grundlage von Institutionen*

(a) *Institutionen* sind Mengen von sanktionsgestützten Regelmengen R.
(b) Institutionen werden *erzeugt* und *in der Existenz gehalten,* indem Menschen durch regulative Machtausübung (5.264) dazu gebracht werden, den Regeln R zu folgen.
(c) Das in (b) erwähnte Regelfolgen ist eine kollektive Handlung.
(d) Die in (b) erwähnte regulative Machtausübung ist ebenfalls eine kollektive Handlung.
(e) Die an der Machtausübung und dem Regelfolgen beteiligten Menschen betrachten die Geltung der Regelmenge R als notwendige Bedingung (1.12) für die Aufrechterhaltung des gesellschaftlichen Systems (2.93), in dem sie leben, und sie halten diese Aufrechterhaltung für gut.

Auf dieser Grundlage können wir schließlich auch beschreiben, inwieweit in *sozialer* Hinsicht über Institutionen auch *Gemeinschaften* konstituiert werden – also inwieweit Gruppen von Personen konstituiert werden, deren Handeln durch Verpflichtungen und Berechtigungen bestimmt ist, die aus geltenden (also von diesen Personen durch kollektives Handeln generierten) Institutionen folgen – z. B. eine Rechtsgemeinschaft. Die Idee ist, dass eine Gemeinschaft durch *reziproke (gegenseitige) Anerkennung von Zugehörigkeit* konstituiert wird. Und eine

Gemeinschaft ist eine *Kultur*, wenn verbreitete Hintergrundüberzeugungen und Tradierungspraktiken hinzukommen:

5.278 *Gemeinschaft*

(1) x *erkennt* y *als zugehörig* zur Gruppe G von Personen *an*, wenn in und durch G die Institution I etabliert wird und x im Rahmen kollektiver Praktiken (5.254) dazu beiträgt, y dazu zu bringen, den für y vorgesehenen Teilregeln von I zu folgen.

(2) x *gehört* zu G, wenn für alle y, die x als zugehörig zu G anerkennen, gilt, dass y auch x als zugehörig zu G anerkennt.

(3) Die Gruppe G von Personen x_i ist eine *Gemeinschaft,* falls Bedingung (2) für jedes x_i gilt.

(4) Eine Gemeinschaft bildet eine *Kultur,* wenn ihre Mitglieder aufgrund von Tradierungspraktiken unter Relationen regulativer Macht gemeinsamen Regeln folgen und bestimmte Hintergrundüberzeugungen teilen.

Die Anerkennung der Zugehörigkeit zu einer Gruppe stiftet also die Zugehörigkeit zur Gruppe selbst. Und wenn die Anerkennungsrelation reziprok ist, konstituiert sie Gemeinschaften: Mitglieder von Gemeinschaften erkennen sich *gegenseitig* als zugehörig zur Gemeinschaft an, weil sie sich *gegenseitig* dazu bringen, den für sie vorgesehenen institutionellen Regeln zu folgen. Sie weisen sich also gegenseitig einen *institutionell bestimmten Platz* in ihrer Gemeinschaft zu. Diese Anerkennungsrelation ist *symmetrisch* (vgl. Aufgabenteil Kap. 1, Aufgabe 3(b)).

Für den Kulturbegriff in 5.278 (4) lassen sich zahlreiche Beispiele finden. Einer vegetarischen Essenskultur beispielsweise gehören Personen an, die bestimmte Überzeugungen über Fleischkonsum teilen, die ferner gewissen Praktiken der Essenszubereitung folgen und sich schließlich darum bemühen, diese Überzeugungen und Praktiken innerhalb und außerhalb ihrer eigenen Gruppe sanktionsgestützt durchzusetzen und zu tradieren. Kunststile bestehen nicht nur aus künstlerischen Techniken (z. B. Maltechniken oder Kompositionstechniken), sondern auch aus geteilten Hintergrundüberzeugungen (z. B. im Rahmen des Naturalismus in der Malerei oder der Zwölf-Ton-Technik in der Musik) sowie aus typischen Tradierungs- und Vermittlungsprozeduren (die z. B. bei den Expressionisten andere waren als in den Malwerkstätten der frühen flämischen Malerei). Die meisten Kunststile sind daher ebenfalls Kulturen. Die antike (euklidische) Geometrie beruhte auf der Überzeugung, dass Wissen typischerweise in einer Analyse von Gegenstandsbereichen in seine einfachsten Elemente sowie in geeigneten Synthesen dieser Elemente besteht und dass außerdem Kreis und Gerade die einfachsten Elemente des geometrischen Kontinuums sind. Aus diesen Vorgaben resultierte die Praktik des analytisch-synthetischen Verfahrens, das die Methodologie der Wissenschaften in Europa zwischen 400 v. u. Z. und 1700 n. u. Z. dominiert hat; die aristotelische Syllogistik und das euklidische Beweisverfahren mit Zirkel (Kreis) und Lineal (Gerade) sind zwei Spezialfälle der analytisch-synthetischen Methode. Und in Schulen und Universitäten ist über zwei Jahrtausende hinweg diese Methode mit ihren wichtigsten Spezialfällen gelehrt, tradiert und durchgesetzt worden. Die antike Geometrie repräsentiert also ebenfalls eine Kultur – und zwar insbesondere eine *Wissenskultur*, weil die Praktiken auf eine Produktion von Wissen ausgerichtet sind und die Hintergrundüberzeugungen unter anderem Kriterien für Wissen enthalten.

Eine interessante Konsequenz dieses Kulturbegriffes ist,

dass es keine nationalen Kulturen gibt. Es gibt z. B. kein Quadrupel von Praktiken, Hintergrundüberzeugungen, Tradierungsmechanismen und Machtbeziehungen, in die *alle und nur* die Angehörigen einer Nation, etwa *alle und nur* die Deutschen oder *alle und nur* die Franzosen, eingebunden wären. Der Kulturbegriff in 5.278 (4) ist vielmehr *lokal*: Es gibt sehr viele verschiedene kleine Kulturen, und es ist keineswegs ausgeschlossen, dass dieselbe Person an mehreren Kulturen teilhat – vielmehr ist dies sogar eher die Regel.

Kulturen sind immer mit Machtverhältnissen verbunden – typischerweise mit regulativer Macht, die – wie wir gesehen haben – im Kern in der Fähigkeit besteht, andere Personen dazu zu bringen, gewissen Regeln zu folgen. Insbesondere kann es sich dabei auch um Regeln handeln, die in Bildungseinrichtungen und Meister-Schüler-Verhältnissen eingeübt werden.

Reziproke symmetrische Anerkennung impliziert dagegen, dass alle Mitglieder von Gemeinschaften ihre Anerkennungsakte ihrerseits als *gleichwertig* ansehen: Es handelt sich hier also um eine Anerkennung von Anerkennungen. Die Anerkennungsrelationen mögen zu unterschiedlichen Machtpositionen der Gemeinschaftsmitglieder führen oder diese Machtpositionen zusätzlich stabilisieren, aber in Hinsicht auf den Anerkennungs*akt* selbst sind alle Gemeinschaftsmitglieder gleich wichtig. Daher ist die Anerkennungsrelation auch *transitiv*: x muss jene y als zugehörig zu G anerkennen, die von jenen z als zugehörig zu G anerkannt werden, die x als zugehörig zu G anerkennt (d. h., wenn x die z und die z die y als zugehörig zu G anerkennen, so erkennt auch x die y als zugehörig zu G an: für x ist seine eigene Anerkennungsleistung bezüglich z ebenso viel wert wie die Anerkennungsleistung der z bezüglich y, *wenn* x die z anerkennt). Aus Symmetrie und Transitivität der Anerkennung folgt schließlich ihre Reflexivität, d. h. die *Selbstanerkennung*: x kann *sich selbst* als zugehörig zur Gemeinschaft G anerkennen. Durch die Selbstanerkennung wird eine Person ein – wie es oft heißt – Hegel'sches Individuum:

5.279 *Hegel'sches Individuum*

(1) Die Relation, die zur Formierung von Gemeinschaften führt, ist reflexiv, symmetrisch und transitiv (sie ist also eine Äquivalenzrelation) und heißt *Anerkennungsrelation.* Vermöge ihrer Reflexivität enthält die Anerkennungsrelation auch eine *Selbstanerkennung.*
(2) Eine Person ist ein *Hegel'sches Individuum*, wenn sie zu anderen Personen und zu sich selbst in der Anerkennungsrelation steht.

Ein Hegel'sches Individuum ist nach 5.279 ein Wesen, das nicht nur denken und handeln kann und das nicht nur im Rahmen kollektiver Akte zur Konstitution von Institutionen und sozialen Gruppen beitragen kann, sondern das auch einen institutionell bestimmten Platz in einer Gemeinschaft innehat, d. h. in dieser Funktion von den Gemeinschaftsmitgliedern anerkannt wird und sich daher auch selbst in dieser Funktion anerkennen kann.

Aus der intentionalistischen Theorie der Sozialontologie ergeben sich drei weitreichende Konsequenzen. Wie wir gesehen haben, geht diese Theorie davon aus,

(a) dass soziale Gruppen (5.272), sozialer Status (5.275), Institutionen (5.276) und Gemeinschaften (5.278) die wesentlichen Arten sozialer Entitäten sind und dass der ontologische Status dieser sozialen Entitäten zu klären ist, sowie
(b) dass sich nicht nur soziale Gruppen über kollektive Überzeugungen formieren, sondern dass auch Institutionen als Regelsysteme sowie Gemeinschaften als

> Systeme gegenseitiger Anerkennung und Selbstanerkennung darauf beruhen, dass eine Reihe von Personen einander als Träger gesellschaftlicher Funktionen sanktionsgestützt kollektiv behandeln.

Daraus ergeben sich folgende Konsequenzen:

5.280 *Konsequenzen der sozialontologischen Theorie des Sozialen*

(1) Die Existenz sozialer Entitäten, und damit die Gesellschaft, wird konstituiert durch kollektive intentionale Einstellungen (5.270) und kollektive Handlungen (5.271).
(2) Der Geist des Menschen ist konstitutiv für die Gesellschaft in einer Weise, in der er nicht konstitutiv ist für die Natur.
(3) Menschliche Subjekte sind nicht nur im Besitz von Produktionsmitteln, sondern prinzipiell auch im Besitz der Mittel zur Transformation (= Umformung) der sozialen Realität.

Die ersten beiden der in 5.280 artikulierten Folgerungen machen deutlich, auf genau welche Weise mentale Akte und Handlungen menschlicher Aktoren soziale Entitäten erschaffen und in diesem Sinne *konstruieren*. Wir können diese Konstruktion *sozial* nennen. Damit wird klar, dass die Form, in der Tiere und Menschen mit ihrem Wahrnehmungsapparat, ihrem Vokabular und ihren Theorien *alle* Gegenstände, auf die sie sich repräsentational (3.128) richten (also *auch* die Gegenstände im Reich der Natur) *konstruieren* – nennen wir dies *Gegenstandskonstruktion* – von diametral anderer Art ist. Die soziale Konstruktion erzeugt soziale Entitäten im buchstäblichen Sinne. Dies gilt von der Gegenstandskonstruktion *nicht.* Denn die

Gegenstandskonstruktion ist, wie z. B. die philosophischen und psychologischen Wahrnehmungstheorien, aber auch moderne Semantiken deutlich machen, nur eine *Form der Wechselwirkung repräsentationaler Wesen mit einer unabhängig von ihnen gegebenen Welt.*

Der klassische Kantianismus (d. h. nicht Kant selbst, wohl aber die traditionelle Kant-Interpretation, die Kants Rede von den Dingen an sich und seiner Widerlegung des Idealismus skeptisch gegenübersteht), der Idealismus (2.64 (1)) und der moderne Sozialkonstruktivismus (radikaler Konstruktivismus) sind Varianten der Auffassung, dass unser Geist *sowohl* die Natur *als auch* das Soziale im selben Sinne erschafft, konstituiert und konstruiert. Der *theoretische Sündenfall dieser Positionen* besteht darin, nicht zwischen sozialer Konstruktion und Gegenstandskonstruktion zu unterscheiden und daher in einen unhaltbaren Idealismus hineinzugleiten.

Die dritte der in 5.280 genannten Folgerungen untermauert auf neue und tiefe Weise die Möglichkeit einer emanzipatorischen Perspektive (5.298 (4)) für die Entwicklung moderner Gesellschaften. Denn die intentionalistische Theorie der Sozialontologie zeigt im Gegensatz zur soziologischen Systemtheorie, dass Menschen als Individuen über kollektive Handlungen die Gestaltung sozialer Entitäten zumindest im Prinzip vollständig in der Hand haben. Einzig die nicht-intendierten kausalen Effekte der kollektiv-intentionalen Formierung sozialer Entitäten lassen sich aus epistemologischen Gründen, z. B. im Falle eines Handelns unter unvollständiger Information, nicht immer leicht vorhersagen. Diese Problematik ergibt sich zum Teil, weil soziale Entitäten in chaotische Systeme eingebettet sein können, wie sie von Chaostheorie und Komplexitätstheorie (Einleitung Kap. 6, 2.102 (9)) untersucht werden.

Sozialwissenschaften und die Kritische Theorie in der Tradition der Frankfurter Schule haben sich aus unterschiedlichen theoretischen Blickwinkeln mit der sozialen Realität beschäftigt. Diese Blickwinkel sind nicht zuletzt auch von – zum Teil impliziten – sozialontologischen Annahmen abhängig. Naturalistisch orientierte Sozialwissenschaften stützen sich auf den sozialontologischen Naturalismus. Für Verstehende Soziologie (nach 5.285, 5.291) und Kritische Theorie (vor 5.298–5.300) hingegen kann die intentionalistische Theorie der Sozialontologie fruchtbar gemacht werden. Im letzten Kapitel dieser Einführung werden wir einen Blick auf die wichtigsten methodologischen Ausrichtungen sozialwissenschaftlicher Theorienbildung werfen.

16. Wissenschaftstheorie der Sozialwissenschaften und kritische Theorien

Die Idee der Sozialwissenschaft

Sozialwissenschaften entwickeln wissenschaftliche Theorien (4.207, 4.211) über Teilbereiche des Sozialen. Es gibt allerdings gegenwärtig kein einheitliches Bild von der methodischen Gestalt sozialwissenschaftlicher Theorien. Der zentrale Grund dafür ist, dass es unterschiedliche Auffassungen zum ontologischen Status des Sozialen gibt. Die Wichtigsten dieser Auffassungen haben wir im vorigen Kapitel umrissen.

Die Vertreter des *sozialwissenschaftlichen Naturalismus* gehen vom sozialontologischen Naturalismus aus (5.247). Sie bestreiten, dass Regeln etwas anderes sind als Regularitäten (d. h., sie sind Regularisten, 5.257), und betrachten es daher als wichtigstes Ziel sozialwissenschaftlicher Theorien, empirische Regularitäten und Naturgesetze sozialer Prozesse herauszufinden und deren Beschreibungen logisch zu ordnen und zu systematisieren. Die sozialwissenschaftlichen Naturalisten sind also der Auffassung, dass sozialwissenschaftliche Theorien methodisch genauso aufgebaut werden müssen wie naturwissenschaftliche Theorien (5.282). Zum Teil versucht der sozialwissenschaftliche Naturalismus auch die Ergebnisse der spieltheoretischen Erklärungen sozialer Beziehungen zu integrieren.

Die Vertreter der *funktionalen Soziologie* gehen dagegen von einer Unterscheidung zwischen Regularitäten und Regeln aus und sehen die Erforschung der grundlegenden Regeln (5.256) und ihrer Funktionen in einer Gesellschaft als zentrale Aufgabe der Soziologie an (zum Teil wurde dieser Ansatz auch *Strukturalismus* oder *Funktionalismus* genannt; auch die soziologische *Systemtheorie* ist eine Variante dieser Position).

Die Vertreter der *verstehenden Soziologie* behaupten, dass der Bereich des Sozialen im Kern aus Handlungen gesellschaftlicher Aktoren besteht und dass eine soziologische Theorie diese Handlungen rational zu erklären hat. Sie setzen also einen Begriff sozialer Beziehungen voraus, der sich an schwach sozialen Handlungen (5.266) oder sogar an kollektiven Handlungen (5.271) orientiert. Dabei kann sich das soziologische Verstehen auch auf die Analyse von Regeln erstrecken, die für bestimmte Handlungen konstitutiv sind. Ferner gehören auch die Produkte kollektiver Handlungen, also soziale Gruppen (5.272) und Institutionen (5.276), zum Gegenstandsbereich der verstehenden Soziologie.

Die Vertreter einer *kritischen Sozialwissenschaft* und insbesondere der *Kritischen Theorie* sehen die wichtigste Aufgabe der Sozialwissenschaften darin, die sozialen Bereiche so zu analysieren, dass deutlich werden kann, wie repressive Zustände, die in sozialen Bereichen vorkommen, entlarvt und gemildert werden können. Dieser Auffassung zufolge hat die Sozialwissenschaft also im Wesentlichen das Ziel, die gesellschaftlichen Zustände, die sie analysiert, zu verbessern.

Und schließlich gibt es *hybride sozialwissenschaftliche Ansätze*, deren zentrale These ist, dass in unterschiedlichen soziologischen Fragestellungen und Arbeitsbereichen unterschiedliche Methoden zum Tragen kommen können. Diese Position möchte daher keine der vier speziellen methodischen Ausrichtungen der Soziologie ausschließen, sondern je nach Erfolgsaussichten die Erforschung von sozialen Regularitäten, Regeln, funktionalen Zusammenhängen, interpretierbaren Handlungen und kritischen Analysen zulassen.

Im letzten Kapitel dieser Einführung werden wir diese Ansätze und einige ihrer Implikationen vorstellen. Zuvor muss aber betont werden, dass die aufgeführten sozialwissenschaftlichen Varianten darin übereinstimmen, dass die generellen Anforderungen an wissenschaftliche Theorien, die in der allgemeinen Wissenschaftstheorie formuliert werden, auch für sozialwissenschaftliche Theorien gelten:

5.281 *Allgemeiner methodischer Status sozialwissenschaftlicher Theorien*

Für alle sozialwissenschaftlichen Theorien gilt:
(1) Sie sind *wissenschaftlich* und *abgrenzbar* (4.207, 4.211).
(2) Sie lassen Verfahren der deduktiven oder induktiven Bestätigung und Widerlegung zu (im Sinne von 4.216–4.217).
(3) Sie lassen eine Anwendung von Akzeptanz- und Verwerfungskriterien (4.219) zu.

Der sozialwissenschaftliche Naturalismus

Der sozialwissenschaftliche Naturalismus unterschreibt eine generellere Position, die meist als *Szientismus* bezeichnet wird. Vertreter der verstehenden und kritischen Soziologie dagegen sind erklärte *Anti-Szientisten*, während die funktional orientierte Sozialwissenschaft meist keine eindeutige methodologische Haltung einnimmt.

5.282 *Szientismus* und *Anti-Szientismus*

(1) Der *Szientismus* behauptet, dass *jede* Wissenschaft alle methodologischen Kriterien zu erfüllen hat, die für Naturwissenschaften gelten – insbesondere auch die Kriterien für naturwissenschaftliche Erklärungen (2.101 (4)).

(2) Der *Anti-Szientismus* behauptet, dass es Wissenschaften gibt (z. B. verstehende Wissenschaften), die zwar die Kriterien der Wissenschaftlichkeit, der Bestätigung und Widerlegung sowie der Akzeptanz und Verwerfung von Theorien erfüllen (4.211–4.219), aber keine Naturwissenschaften sind.

Der sozialwissenschaftliche Naturalismus geht heute meist nicht mehr einfach davon aus, dass die Sozialwissenschaften nach realen sozialen Regularitäten und Naturgesetzen suchen sollten. Vielmehr vertritt er eine *modelltheoretische Variante*, die das Ziel der Sozialwissenschaften darin sieht, idealisierte Modelle (4.209) spezifischer sozialer Bereiche zu konstruieren. In der Verwendung idealisierter Modelle sieht diese Variante jedoch keinen grundlegenden Gegensatz zu den Naturwissenschaften, weil auch etliche Naturwissenschaften mit idealisierten Modellen arbeiten und dennoch erfolgreich sind.

5.283 *Sozialwissenschaftlicher Naturalismus*

(1) Der Regularismus (5.257) ist die methodische Basis aller sozialwissenschaftlichen Theorien.
(2) Sozialwissenschaftliche Theorien haben die Aufgabe, Regularitäten und Naturgesetze (2.70–2.73) sozialer Prozesse zu erforschen und sie mit Hilfe von Theorien zu systematisieren.
(3) Sozialwissenschaftliche Erklärungen haben die Form von DN- oder IS-Erklärungen (2.90, 2.91).
(4) Die Forderungen (2) und (3) gelten nur für angemessene *abstrakte* oder *idealisierte Modelle* (4.209) sozialer Bereiche.

(5) Ein idealisiertes Modell eines sozialen Bereiches ist *angemessen*, wenn es dem sozialen Bereich und seinen realen Prozessen hinreichend nahe kommt.

Den sozialwissenschaftlichen Naturalisten zufolge können sozialwissenschaftliche Theorien Aussagen enthalten wie: »In unserem idealisierten Modell eines kompetitiven Marktes werden Preiserhöhungen für bestimmte Güter eine Erhöhung des Angebots dieser Güter zur Folge haben.« Und oft begnügt man sich mit der Feststellung solcher allgemeinen Regularitäten, ohne die genaueren kausalen Mechanismen dieser Regularitäten zu kennen oder auch nur erkennen zu können.

Lange Zeit gab es eine Kontroverse zwischen den *Holisten* und den *methodologischen Individualisten* über die Frage, ob das Soziale gegenüber dem mentalen Bereich überhaupt eigenständig ist und ob daher die Sozialwissenschaft nicht letztlich auf die Psychologie zurückführbar ist:

5.284 *Holismus und methodologischer Individualismus*

(1) *Die (sozialwissenschaftlichen) Holisten* behaupten:
 (a) Es gibt soziale Fakten, die unabhängig sind von allen mentalen Faktoren, die individuelles Handeln erklären.
 (b) Die Existenz sozialer Fakten garantiert allererst die Autonomie der Soziologie gegenüber der Psychologie.
 (c) Die soziologische Erklärung sozialer Fakten folgt einer eigenständigen Methode, nämlich

der funktionalen Erklärung, die die Funktion sozialer Fakten für gesellschaftliche Systeme aufweist.

(d) Nur der Funktionalismus kann makrosoziale Phänomene (wie z. B. Institutionen oder Marktmechanismen) erklären.

(2) *Die methodologischen Individualisten* behaupten:

(a) Es gibt keine eigenständigen sozialen Fakten; soziale Fakten sind vielmehr reduzierbar auf mentale Fakten. Daher ist Soziologie auf Psychologie reduzierbar; alle Erklärungen von Aktionen gesellschaftlicher Gruppen oder Systemen sind auf Erklärungen von Handlungen und Verhaltensweisen einzelner Personen reduzierbar.

(b) Makrosoziale Phänomene werden durch nicht-intendierte kausale Nebenwirkungen individueller Handlungen erklärt (diese Erklärungen heißen *Modelle der unsichtbaren Hand*, denen zufolge Zustandsänderungen in selbstorganisierenden Systemen so erfolgen, als ob sie von unsichtbarer Hand gesteuert würden).

Typischerweise sind Theorien, die von der *rationalen Entscheidungstheorie* (5.236–5.245) beeinflusst sind, *methodologisch-individualistisch* ausgerichtet, während *ethnologisch* oder *strukturalistisch orientierte Theorien* eher zum *Holismus* neigen. Die Kontroverse zwischen methodologischem Individualismus und Holismus tritt unter anderem auch in avancierten modernen Interpretationen der Methoden in der *Biologie* und im *Marxismus* auf. Die intentionalistische Theorie der Sozialontologie, die im vorigen Kapitel beschrieben wurde, impliziert die These, dass der Bereich des Sozialen zwar durch kollektive mentale

Akte und Handlungen erzeugt wird, dass aber der auf diese Weise erzeugte Bereich des Sozialen eigenständige Strukturen aufweisen kann, die den autonomen Status der Sozialwissenschaft rechtfertigen. Die intentionalistische Theorie der Sozialontologie ist daher weder eindeutig individualistisch noch eindeutig holistisch.

Die funktionale Soziologie

Die *funktionale Soziologie* untersucht vor allem die natürlichen Funktionen (2.97) bestimmter sozialer Prozesse oder Zustände für die Aufrechterhaltung allgemeinerer Strukturen jener Gesellschaft, zu der diese Prozesse und Zustände gehören. Dabei geht es z. B. um die Funktion der Gewaltenteilung für Demokratien, die Funktion bestimmter Heiratsregeln oder bestimmter Rituale in Stammesgesellschaften, die Funktion von Migrationen aus Afrika nach Europa oder die Funktion der Regentänze bei den Hopi. Die funktionale Soziologie liefert also funktionale Erklärungen (2.98–2.99) sozialer Prozesse, die in keiner Weise die Intentionen von Aktoren heranziehen und sich daher nicht des intentionalistischen Vokabulars (3.139 (6)) bedienen. Die zentrale Idee der funktionalen Soziologie besteht also darin, das Vorkommen bestimmter sozialer Zustände, Gebilde und Prozesse in einzelnen Gesellschaften dadurch zu erklären, dass diese Zustände in den jeweiligen Gesellschaften gewisse Funktionen erfüllen, die aber multipel in Aktoren und deren Handlungen realisiert sein können (3.103).

Zum Teil handelt es sich dabei auch um funktionale Erklärungen, die auf den Systembegriff zurückgreifen (2.99). In diesen Fällen muss der Begriff gesellschaftlicher Systeme in Anspruch genommen werden. Man spricht daher auch von der *soziologischen Systemtheorie.*

Wir wissen bereits (2.93 und die Vorbemerkung zu dieser Erläuterung), dass wir Systeme, und insbesondere auch selbstregulative (= autopoietische) Systeme, in einem rein physikalistischen Sinne beschreiben können. Wir können daher problemlos verstehen, inwiefern ein *System als ein Ganzes mehr ist als die Summe seiner Teile*, und inwiefern ein *System als Ganzes agiert*, ohne dabei zu einer mysteriösen Ontologie über-individueller Entitäten Zuflucht nehmen zu müssen. Der zentrale Punkt dabei ist, dass es einen internen kausalen Mechanismus im System gibt (eine Art Rückkoppelung, wie man früher sagte), der das System innerhalb bestimmter Grenzen angesichts wechselnder äußerer Umstände immer wieder in eine seiner Normalbedingungen zurückführt.

Die wichtigsten Beispiele für selbstregulative Systeme sind ökologische Systeme, gewisse Maschinen und individuelle Organismen. Aber wir können den physikalistischen Systembegriff unter bestimmten Bedingungen auch auf Gesellschaften und ihre Teilbereiche anwenden. Diese Bedingungen ergeben sich direkt aus der allgemeinen Bestimmung des Systembegriffs in 2.93.

5.285 *Funktionale Soziologie*

(1) Die *funktionale Soziologie* hat primär das Ziel, soziale Prozesse und Zustände funktional zu erklären, ohne dabei ein intentionalistisches Vokabular (3.139 (6)) zu benutzen.
(2) Diese sozialen Prozesse und Zustände können auch Regelbefolgungen oder Regelsysteme (etwa Institutionen) sein.
(3) Diejenige Variante der funktionalen Soziologie, die funktionale Erklärungen (2.98–2.99) unter Rückgriff auf den Systembegriff liefert und dabei von gesellschaftlichen oder sozialen Systemen spricht, heißt *soziologische Systemtheorie.*

(4) Die soziologische Systemtheorie muss den physikalistischen Systembegriff (2.93) auf Handlungssysteme anwenden, d. h., sie muss
   (a) die Außen-innen-Grenze und gewisse Normalzustände des untersuchten sozialen Bereichs definieren,
   (b) Handlungen oder handelnde Personen als Elemente des sozialen Bereichs betrachten und
   (c) ausschließlich die kausalen Beziehungen zwischen Handlungen untersuchen.

(5) In der soziologischen Systemtheorie lassen sich die Begriffe von Selbstregulation und Autopoiese direkt auf den Spezialfall gesellschaftlicher Systeme übertragen.

Es ist im Einzelfall vielleicht oft nicht leicht, aber prinzipiell nicht unmöglich zu entscheiden, ob Bedingung (4)(a) erfüllt ist. Wenn wir z. B. von einem *Rechtssystem* reden wollen, könnten wir erwägen, die lokalen Grenzen des Gültigkeitsbereiches rechtlicher Vorschriften wie etwa einer Verfassung als Außen-innen-Grenze anzusehen, und die umfassende Exekution dieser Vorschriften ließe sich als Normalzustand ansehen. Aber derartige Überlegungen sind im Detail Sache der Einzelwissenschaften, nicht der Philosophie. Bedingung (4)(b) schließt systemtheoretische Ansätze aus, in denen gesellschaftliche Systeme als autonome Aktoren angesehen werden. Zur Ergänzung von Bedingung (4)(c) sollte man sich daran erinnern, dass die Handlungstheorie davon ausgeht, dass Handlungen auf physikalischen Körperbewegungen supervenieren (3.115), dass es daher eine Ebene physikalischer Realisierer gibt, auf der wir in physikalistischem Vokabular behaupten können, dass mentale Zustände (3.104) Handlungen verursachen, und schließlich, dass Handlungen ihrerseits kausale, *intensionsfrei* beschriebene Wirkungen (z. B. nicht-intendierter Art) haben können. Es sind also zwei Arten von Beziehungen im Spiel: Eine aufgrund multipler Realisierbarkeit (nach 3.109) irreduzible (vor 2.42) Supervenienzrelation (3.115) mit Körperverhalten als Realisiererbasis, und eine Kausalrelation mit einem mentalen Zustand als Ursache einer Handlung. Diese Intuitionen erlauben es bereits, in Konkurrenz zum intentionalistischen Handlungsbegriff (5.230) ein *gängiges Modell der kausalen Beziehungen zwischen Handlungen* zu umreißen.

Mit diesem Modell können wir z. B. die Redeweise rekonstruieren, dass Christines Handlungen *bewirken* oder *dazu führen*, dass Peter auf bestimmte Weise handelt. Dieses Modell behauptet einfach, dass die physikalischen Prozesse, auf denen Christines Handlungen supervenieren, Ursachen (2.74–2.77) für diejenigen physikalischen Prozesse sind, auf denen Peters Handlungen supervenieren. Daher können Aktoren mit ihren Handlungen *auf nicht-intendierte Weise* (und damit *intensionsfrei*, d. h. ohne intentionale Kontexte (3.135) beschreibbar) Handlungen anderer Personen kausal verursachen.

Die Erläuterung der soziologischen Systemtheorie in den Punkten (3)–(5) von 5.285 hat zwei interessante Konsequenzen: Sie impliziert zum einen, dass die systemtheoretische Rede von Entwicklungen oder Aktionen gesellschaftlicher Systeme lediglich bedeutet, dass es sich um Systeme in physikalistischem Sinne handelt, deren Normalzustände dadurch erhalten werden, dass angesichts variierender externer Umstände *interne kausale Ketten von Handlungen* menschlicher Aktoren immer wieder in diese Normalzustände hineinführen (2.93). Diese Beschreibung erlaubt es jedoch *nicht*, gesellschaftlichen Systemen wie etwa der Arbeiterklasse, dem Kapitalismus oder bestimmten Rechtssystemen und Staaten selbst irgendeine Art von eigenständiger Aktivität zuzuschreiben, die darüber hinausginge, dass die Systeme Kausalketten von Handlungen mit nicht-intendierten weiteren kausalen Effekten haben (z. B. Umweltzerstörung durch eine bestimmte Wirtschaftsweise). Damit wird allen strukturalistischen und systemtheoretischen Strategien, die im Bereich der Gesellschaftswissenschaften eine solche weitergehende Zuschreibung vornehmen (die *starken* soziologischen Systemtheorien), eine Absage erteilt.

Zum anderen wird aus 5.285 deutlich, dass die starken soziologischen Systemtheorien die (zu starke) Rede von der Eigendynamik gesellschaftlicher Systeme dazu benutzen, die Koordination von Handlungen und die sozialen Entfremdungen zu erklären. Denn diese Phänomene kommen oft auf nicht-intendierte Weise zustande. Aus 5.285 folgt aber, dass der Einsatz systemtheoretischen Vokabulars in der Gesellschaftstheorie unter den skizzierten methodischen Bedingungen wenig für die Erklärung der Koordination von Handlungen und der sozialen Entfremdung hergibt, denn diese Phänomene lassen sich kaum in einem physikalistischen Rahmen erklären.

Das bedeutet nicht, dass kausale und physikalistische systemtheoretische Erklärungen in den Sozialwissenschaften nicht in bestimmten Kontexten eine wichtige Rolle spielen können. Es bedeutet nur, dass diese Erklärungen nicht dem Anspruch genügen, dem sie nach der verbreiteten starken soziologischen Systemtheorie genügen sollten. Nach den im letzten Kapitel skizzierten Überlegungen ist es vielmehr naheliegend anzunehmen, dass die Theorien der kollektiven Intentionalität, der kollektiven Handlungen und der Macht die theoriestrategische Aufgabe übernehmen können, die bisher fast immer der starken soziologischen Systemtheorie zugeschrieben wurde, nämlich ein Modell (4.209) für die Kooperation von Handlungen und von sozialen Entfremdungen zu liefern.

Die verstehende Soziologie

Einige sozialwissenschaftliche Theorien liefern auch Handlungserklärungen (5.232–5.235). Der eigenständige Status von Handlungserklärungen macht diese Erklärungen zu einer gesonderten Aufgabe der Sozialwissenschaft. Die *verstehende Soziologie* geht davon aus, dass die Erklärung von Handlungen die zentrale Aufgabe sozialwissenschaftlicher Theorien ist. Da Handlungserklärungen kognitive Akte des Verstehens sind, gehört die Soziologie, die sich primär darauf konzentriert, Handlungserklärungen zu liefern, zu den verstehenden Wissenschaften. Die verstehende Soziologie ist allerdings keineswegs verpflichtet, ihre Erklärungsansprüche auf Handlungserklärungen im Sinne des Basisschemas (5.233) oder des erweiterten Schemas (5.234) der Handlungserklärungen zu reduzieren, die auch als Methode der *Volkspsychologie* bezeichnet werden. Vielmehr können volkspsychologische Handlungserklärungen in vierfacher Weise erweitert werden. Diese Erweiterungen kann sich die verstehende Soziologie zunutze machen.

(a) Die erste Erweiterung ergibt sich direkt aus der intentionalistischen Theorie der Sozialontologie (5.280). Die verstehende Soziologie kann kollektive Handlungen und ihre Formierungsmechanismen zu verstehen versuchen. Dabei wird sie auch auf eine Theorie der Macht (5.262) zurückgreifen müssen.

(b) Die zweite Erweiterung folgt aus der entscheidungstheoretischen Fortsetzung der klassischen Handlungstheorie (5.237), soweit Entscheidungen in einem intentionalistischen Vokabular (3.139 (6)) beschrieben und begründet werden können. Die verstehende Soziologie kann in diesem Fall also auch auf entscheidungstheoretische Einsichten zurückgreifen.

(c) Die dritte Erweiterung kann an die Möglichkeit anknüpfen, volkspsychologische Handlungserklärungen (5.233) weiter zu vertiefen, indem man versucht, die Prämissen volkspsychologischer Handlungserklärungen ihrerseits zu rationalisieren und diesen Prozess so weit wie möglich zu treiben (5.236).

(d) Die vierte Erweiterung schließlich folgt aus der Möglichkeit, intentionale Handlungserklärungen mit kausalen oder funktionalen Erklärungen zu verbinden und auf diese Weise sehr komplexe, methodologisch gemischte Erklärungen sozialer Phänomene zu produzieren.

Die systematischen Grundlagen der ersten beiden Erweiterungsmöglichkeiten wurden in den beiden vorangehenden Kapiteln bereits skizziert. Daher wollen wir uns jetzt vor allem den beiden letzten Erweiterungsmöglichkeiten widmen.

Wie lassen sich Handlungserklärungen vertiefen und zu anspruchsvollen Theorien ausweiten? Betrachten wir ein einfaches Beispiel:

Warum liest Christine Platon? Eine erste einfache volkspsychologische Handlungserklärung zitiert Christines unmittelbar relevante Absicht und Überzeugung – z. B. dass sie Magisterexamen in Philosophie machen will und glaubt, dass die Platonlektüre dafür förderlich ist. Aber wenn wir Christines Platonlektüre noch besser verstehen wollen, können wir uns fragen, warum sie überhaupt ein Examen in Philosophie machen will und warum sie glaubt, dass die Platonlektüre dafür hilfreich ist. Nehmen wir an, dass wir feststellen können, dass Christine der Prüfungsordnung entnommen hat, dass Kenntnisse in antiker Philosophie für das Examen gefordert werden, und dass sie daher glaubt, sich mittels der Platonlektüre diese Kenntnisse verschaffen zu können. Nehmen wir weiterhin an, dass wir auch feststellen können, dass Christine beabsichtigt, sich einen guten Job zu verschaffen, und dass sie glaubt, das Philosophie-Examen sei dafür hilfreich. Dann haben wir ein besseres Verständnis erreicht, indem wir die beiden Prämissen der ersten Handlungserklärung ihrerseits auf handlungstheoretische Weise verstanden und erklärt haben (vgl. Wittgensteins Theorie des Sprachverstehens, nach 3.152).

Diese Erklärungen könnten wir weiter fortsetzen. Warum hat Christine z. B. die prima facie absurde Idee, ein Philosophie-Examen könnte hilfreich für das Ergattern eines guten Jobs sein? Diese Prämisse schreit geradezu nach einer weiteren Rationalisierung. Vielleicht studiert Christine neben Philosophie auch Jura mit dem Schwerpunkt Europäisches Recht, um einen Job in der EU-Verwaltung in Brüssel zu bekommen. Vielleicht glaubt sie, dass das Philosophie-Studium ihr Kenntnisse über die normativen Grundlagen des Rechts und über die historische Entwicklung der liberalen Prämissen westlicher Rechtsstaaten vermittelt und dass sie in der Interpretation und analytischen Darstellung sehr komplexer Texte trainiert wird. Außerdem denkt sie sich, dass dieses Training und diese Kenntnisse ihren Horizont und ihre Fähigkeiten auch als EU-Juristin beträchtlich fördern können. Wenn all das zutrifft, dann haben wir Christines Platonlektüre noch besser verstanden. Aber warum, um einen letzten Erklärungsschritt zu machen, will sie überhaupt EU-Juristin werden? Vielleicht weil sie dort arbeiten will, wo heute die wichtigen politischen Entscheidungen getroffen werden, und weil es ihr wichtigstes Lebensprojekt ist, politisch an der Weiterentwicklung rechtsstaatlicher und liberaler Ideen mitzuarbeiten. Außerdem möchte sie international denkende und multikulturell eingestellte Männer kennen lernen und glaubt, dass sie all das als EU-Juristin in Brüssel mit hoher Wahrscheinlichkeit realisieren kann.

All diese Absichten und Meinungen könnten tiefere Gründe dafür sein, dass sie jetzt eifrig Platon liest. Wir können an dieser Stelle den Begriff einer *komplexen Absicht und Handlung* mobilisieren. Indem beispielsweise

Christine Platon liest, bereitet sie sich auf das Examen vor. Aber indem sie das tut, folgt sie zugleich den Regelungen der Prüfungsordnung. Und indem Christine beabsichtigt, EU-Juristin zu werden und in der EU-Verwaltung politisch mitzuarbeiten, folgt sie dem komplexen Netzwerk sozialer Regeln und politischer Normen, die die EU-Verwaltung konstituieren und die politische Idee von einem Zusammenwachsen Europas in eine institutionelle Form gießen. Allerdings folgt Christine dabei möglicherweise unabsichtlich einigen tieferen sozialen Regeln, d. h., sie folgt ihnen nicht im strikten Sinne, sondern verhält sich nur regelkonform. Indem Christine den Regeln der Prüfungsordnung folgt, folgt sie auch den (oder einigen) Vorschriften des Hochschulrahmengesetzes. Vielleicht kennt sie das Hochschulrahmengesetz aber überhaupt nicht, d. h., sie verhält sich nur konform zum Hochschulrahmengesetz und stabilisiert es damit auch – ohne dies jedoch explizit zu beabsichtigen.

Das Bemühen um eine Vertiefung von Handlungserklärungen ist *Ausdruck des Respekts* vor anderen Personen. Respekt bedeutet hier: Wir lassen uns mit dieser Vertiefung weitgehend auf andere Personen ein, wir räumen ihnen einen Rationalitätsvorschuss für ihr Denken und Handeln ein, wir versuchen, uns *ihren Standpunkt* so umfassend und angemessen wie möglich vor Augen zu führen – wir versuchen also, sie so weit wie irgend möglich als *intelligibel* handelnde Wesen zu sehen (3.161). Semantisch formuliert bedeutet dies, dass die Vertiefung von Handlungserklärungen ein immer umfassenderes konsistentes Netz der Gehalte (3.130) von Absichten und Überzeugungen der Aktoren sichtbar werden lässt. Vertiefungen von Handlungserklärungen führen also zu immer angemesseneren Rationalisierungen (5.236) von Handlungen anderer Personen. Die moderne Theorie des Verstehens (der Interpretationismus, vgl. 3.158–3.164) zeigt allerdings, dass selbst wenn wir die Absichten und Überzeugungen einer komplex verstandenen anderen Person nicht teilen, die Standards von Rationalität und Intelligibilität (Verständlichkeit), auf die wir auch und gerade in vertieften Handlungsrationalisierungen zurückgreifen müssen, dennoch auf der elementarsten Ebene *geteilte, universelle Standards* sein müssen (3.160–3.161).

Wie das Beispiel einer möglichen vertieften Handlungserklärung der Platonlektüre von Christine zeigt, können spezielle soziale Regeln logisch in allgemeinere Regeln eingebettet sein, und dann kann der Fall eintreten, dass wir nur den spezielleren Regeln absichtlich folgen. Die Tatsache, dass wir uns darüber hinaus konform zu den allgemeineren Regeln verhalten, ist eine nicht-intendierte Folge oder Begleiterscheinung unserer Befolgung der spezielleren Regeln. Die allgemeinen Regeln sind nicht kognitiv implementiert (5.257 (2)). Erweiterte Handlungserklärungen machen oft deutlich, zu welchen Regeln sich Aktoren konform verhalten, indem sie absichtlich bestimmten anderen Regeln folgen. Auf dieser Ebene kommen gewöhnlich die allertiefsten und allgemeinsten gesellschaftlichen Mechanismen in den Blick – Mechanismen in Gestalt sozialer Regeln, die für Gesellschaften oder Teile von Gesellschaften konstitutiv sind.

Gewöhnlich ist es gerade der Rückgriff auf soziale Regeln, der den Absichten, Überzeugungen und Handlungen *tiefere Bedeutung* (im Sinne von weiterreichender Verständlichkeit) verleiht. Während die Formierung von Wünschen und Überzeugungen zumindest zum Teil als überlegter, rationaler Akt beschrieben werden kann, ist die Anpassung an soziale Regeln gewöhnlich eine Konditionierung, die auf Machtpositionen (5.262–5.265) beruht, sodass der propositionale Gehalt (3.133) von Wünschen, Überzeugungen und Handlungen gewöhnlich einen Rahmen hat, den die Handelnden nicht selbst wählen oder begründet akzeptieren. Die Existenz normativer und institutioneller Regeln spannt dabei gewöhnlich den Rahmen für mögliche Absichten, Meinungen und Handlungen erst auf. Das Befolgen sozialer Regeln und die Anpassung an soziale Regeln im Rahmen von Machtprozeduren macht viele Handlungen allererst möglich.

5.286 *Vertiefungen von Handlungserklärungen*

Vertiefungen von Handlungserklärungen bestehen darin,

(1) dass die Prämissen einer ersten einfachen Handlungserklärung ihrerseits weiter interpretiert werden, so dass die Aktoren immer besser als intelligibel handelnde Wesen verstanden werden können,

(2) dass diese Prozedur so weit fortgesetzt wird, bis die umfassenderen Konzepte von einem guten Leben (5.261 (5)) und die allgemeineren sozialen Mechanismen und Regeln in den Blick kommen, denen die Aktoren mit ihren Handlungen absichtlich folgen oder mit denen sie unabsichtlich konform gehen, und

(3) dass durch die Einbettung einzelner Handlungen in Konzepte des guten Lebens und allgemeine soziale Mechanismen und Regeln die tiefere (zuweilen objektiv genannte) Bedeutung der Handlungen (nämlich ein umfassendes Geflecht aus Motivationen, Zweck-Mittel-Rationalität und Absichten) deutlich wird.

Eine andere Form der Erweiterung von Handlungserklärungen besteht im Kern darin, dass tiefe Handlungserklärungen im Sinne von 5.286 mit kausalen oder funktionalen und insbesondere systemtheoretischen Erklärungen verbunden werden. Wir haben es in diesem Fall mit Arten *gemischter* Erklärungen zu tun.

Betrachten wir zunächst eine systematische Verknüpfung von verstehenden Handlungserklärungen und kausalen Erklärungen – das *Modell von Weber.* Eine der zentralen Ideen dieses Modells ist, dass soziales Handeln im schwachen Sinne (5.266) gewöhnlich *Regularitäten* aufweist: Typen von Handlungen bestimmter Aktoren A führen in einer regulären Weise zu typischen Handlungen der Aktoren B. Dies geschieht unter anderem aufgrund der Art und Weise, wie die Aktoren B die Handlungen der Aktoren A verstehen. Wenn – um ein sehr einfaches Beispiel anzuführen – Großaktionäre Aktien verkaufen und Kleinaktionäre, die dieselben Aktien halten, dieses Verhalten so verstehen, dass die Großaktionäre (vielleicht aufgrund der Einschätzung ihrer hochbezahlten Analysten) die Zeit für Gewinnmitnahmen für gekommen halten, dann werden die Kleinaktionäre typischerweise auch verkaufen. Die Soziologie kann diese Handlungsfolge einerseits dadurch *rationalisieren* (5.234), dass sie die *Gründe* (Absichten und Überzeugungen) zu verstehen sucht, die für die Großaktionäre und die Kleinaktionäre bei ihrem Aktienverkauf leitend waren. Wenn dieses Verstehen zutreffend ist, heißt die soziologische Erklärung *sinnadäquat*. Zugleich und unabhängig von diesem Verstehensakt muss die Soziologie aber auch *statistisch* feststellen, ob die betrachtete Handlungsfolge in den meisten Fällen eintritt – in unserem Beispiel muss sie also feststellen, ob der Aktienverkauf der Großaktionäre mit hoher objektiver Wahrscheinlichkeit einen Aktienverkauf durch die Kleinaktionäre nach sich zieht. Wenn das festgestellt werden kann, heißt die soziologische Erklärung *kausal adäquat.* Die methodologische Forderung des Weber-Modells ist, dass *soziologische Erklärungen von Handlungsfolgen sowohl sinnadäquat als auch kausal adäquat sein sollten.*

Ein weiterer Standardfall einer soziologischen Erklärung, in der Verstehen und kausale Erklärung dem Weber-Modell zufolge zusammenwirken, sind *faktische Ver-*

haltensabweichungen vom ideal rationalen Handeln. Die Idee ist, dass wir aufgrund der Rationalitätsunterstellungen für angemessenes Verstehen (3.161) und unserer Hintergrundinformation über den betrachteten sozialen Kontext oft hypothetisch angeben können, was ein perfekter rationaler Aktor im entscheidungstheoretischen Sinn (5.237) in diesem Kontext tun würde. Oft vollziehen die Aktoren aber nicht diejenigen Handlungen, die wir von ihnen als perfekt rationale Aktoren erwarten. Diese Abweichung muss dann dem Weber-Modell zufolge in der Soziologie kausal erklärt werden. In diesem Fall wird eine hypothetische Verstehensleistung, die einen *Idealtypus* von Handlung ins Spiel bringt, mit einer kausalen Erklärung des *faktischen* Geschehens verbunden.

5.287 *Weber-Modell der verstehenden Soziologie*

Die *Soziologie* hat das Ziel, soziales Handeln sowohl zu verstehen als auch kausal zu erklären. Für diese Methode gibt es zwei Standardfälle:

(1) Die Handlungssequenz H ⇒ H* wird erklärt
   (a) dadurch, dass die Aktoren gute Gründe hatten, H und daraufhin auch H* zu vollziehen (im Sinne von Handlungsrationalisierungen, 5.232–5.235) *(Sinnadäquanz)*, und
   (b) dadurch, dass die Handlungstypen H und H* empirisch mit hoher Wahrscheinlichkeit aufeinander folgen, d. h., dass $p(H^*|H) > 0{,}5$ ein statistisches Gesetz ist (im Sinne von 2.73) *(Kausaladäquanz)*.

(2) Die Handlung H* in Kontext K wird folgendermaßen erklärt:
   (a) In K wäre für jeden Aktor mit den Absichten A und den Überzeugungen M die Handlung H im idealen Sinne rational gewesen.

(b) Aktor S hatte in K die mentalen Zustände (3.104) A und M, handelte jedoch nicht in der Weise H, sondern in der Weise H*.
(c) Es gab sinnfremde Faktoren, die bei S in K die Gründe A und M übertrumpften und bei S kausal zu H* führten.

Sehen wir uns jetzt noch einige Erklärungsformen an, in denen Handlungsrationalisierungen mit funktionalen Erklärungen (2.98, 2.99) verbunden werden.

Der einfachste Fall ist, dass z. B. politisch einflussreiche Personen den *Wunsch* haben, ein bestimmtes gesellschaftliches System S in seinem Normalzustand N(S) zu erhalten, und dass sie die *Überzeugung* haben, dass ein bestimmter Zustand D(S) eine notwendige Systembedingung B(S) sichert, und dass sie daraufhin (in völlig rationaler Weise) D(S) handelnd herbeiführen.

Etliche Mitglieder der Weltbank wollen beispielsweise das System des globalen Kapitalismus erhalten und sehen den freien Welthandel als notwendige Bedingung (1.12) für die Erhaltung dieses Systems an. Sie glauben außerdem, dass bestimmte ökonomische Auflagen gegenüber Ländern der sogenannten Dritten Welt den freien Welthandel sichern. Also sorgen sie dafür, dass diese Auflagen umgesetzt werden. Die Funktion der Umsetzung der Auflagen ist in diesem Falle *manifest* (= offenkundig).

5.288 *Funktionale Handlungserklärung Typ 1:*

Seien P_i Personen, N(S) ein Normalzustand des gesellschaftlichen Systems S (2.93), D(S) ein weiterer Zustand von S, B(S) eine notwendige Systembedingung, dann gilt:
(1) P_i wünschen, dass N(S).

(2) P_i sind überzeugt, dass $N(S) \supset B(S)$ und $D(S) \supset B(S)$.
(3) P_i präferieren $D(S)$ gegenüber allen $D^*(S)$ mit $D^*(S) \supset B(S)$; also:
(4) P_i führen $D(S)$ handelnd herbei (hier hat $D(S)$ eine *manifeste* Systemfunktion).

Es kann aber vorkommen, dass die im Sinne von 5.288 herbeigeführten Zustände weitere Nebeneffekte haben, die die handelnden Personen zum Zeitpunkt ihrer Handlungen weder kennen noch wünschen. In diesen Fällen kann das nicht-intendierte Eintreten dieser Nebeneffekte durch eine Ergänzung von 5.288 »gemischt« erklärt werden.

Die Auflagen der Weltbank haben z. B. den Effekt, dass die traditionellen ökonomischen Strukturen vieler Länder der Dritten Welt zerstört werden, aber die Mitglieder der Weltbank kennen und wünschen diesen Effekt (vielleicht) nicht:

5.289 *Funktionale Handlungserklärung Typ 2*

Seien P_i Personen, $N(S)$ ein Normalzustand des gesellschaftlichen Systems S, $D(S)$ ein weiterer Zustand von S; dann gilt:
(1)–(4) wie in 5.288.
(5) Es gilt $D(S) \supset B^*(S)$.
(6) Die P_i wissen nicht, dass (5) gilt, und sie wünschen $B^*(S)$ nicht.

Manchmal handeln Personen in der üblichen rationalisierbaren Weise, führen dabei aber nicht-intendierte Nebeneffekte herbei, die ihrerseits ein gesellschaftliches System funktional stützen. Eventuell lehnen sie dieses System sogar ab und stützen damit ungewollt ein von ihnen abgelehntes gesellschaftliches System.

Vielleicht führen beispielsweise die Maßnahmen der Weltbank zu einem internationalen System des globalen Kapitalismus mit einem so scharfen Nord-Süd-Gefälle, dass sich auf internationaler Ebene auf Dauer eine extreme Ungerechtigkeit etabliert, die ihrerseits Migrationswellen zur Folge hat, die von den reichen Ländern nur schwer zu bewältigen sind.

In solchen Fällen haben die beabsichtigten und vollzogenen Maßnahmen auch eine *latente Systemfunktion* (wie sie z. B. oft in ethnologischen Erklärungen beschrieben wird):

5.290 *Funktionale Handlungserklärung Typ 3*

Seien P_i Personen, N(S) ein Normalzustand des gesellschaftlichen Systems S, D(S) ein weiterer Zustand von S; dann gilt:
(1) P_i wünschen Z.
(2) P_i sind überzeugt, dass $Z \supset H$.
Also:
(3) P_i vollziehen H.
Ferner:
(4) $H \supset D(S)$.
(5) $N(S) \supset B(S)$, $D(S) \supset B(S)$.
(6) P_i wissen nicht, dass (4) und (5) der Fall sind. Eventuell sogar:
(7) P_i lehnen N(S) ab.

In 5.290 hat D(S) eine *latente* Systemfunktion. Ein typischer Spezialfall ist, dass D(S) das Befolgen wichtiger sozialer Regeln ist.

Funktionale Handlungserklärungen, also gemischt intentional-funktionale Erklärungen, steigern die Erklärungskomplexität erheblich, sind auf der Ebene wissenschaftlicher (ethnologischer) Handlungserklärungen angesiedelt und machen kein Zugeständnis an sozial-holistische Intuitionen über die gesellschaftlichen Systeme. Das bedeutet: Die gemischten Erklärungen bleiben letztlich klare Handlungserklärungen und implizieren *nicht* die These, dass das historische und gesellschaftliche Geschehen letztlich nicht von Individuen, sondern von über-individuellen Systemen gelenkt wird, denen wir eine Eigendynamik und ein eigenständiges Agieren zuschreiben dürfen.

5.291 *Verstehende Soziologie*

(1) Die *verstehende Soziologie* betrachtet die Rationalisierung der Handlungen gesellschaftlicher Aktoren als wichtigste Aufgabe der sozialwissenschaftlichen Theorien.
(2) Die verstehende Soziologie bleibt nicht bei einfachen volkspsychologischen Handlungserklärungen stehen, sondern greift auf vier Erweiterungen von Handlungserklärungen zurück: die Erklärung kollektiver Handlungen (5.271), die entscheidungstheoretischen Handlungserklärungen (5.236–5.245), die Vertiefung von Handlungserklärungen und die gemischten kausalen bzw. funktionalen Handlungserklärungen (5.286, 5.288–5.290).
(3) In den Erweiterungen volkspsychologischer Handlungserklärungen stößt die verstehende Soziologie bis zu generellen Konzepten des guten Lebens und allgemeinen sozialen Mechanismen und Regeln vor, in welche die zu erklärenden Handlungserklärungen eingebettet sind.
(4) Durch das in (3) skizzierte Vorgehen kann die verstehende Soziologie die Tiefenbedeutung (die

objektive Bedeutung, eine weitreichende Verständlichkeit) einzelner Handlungen entschlüsseln.

Zwei Anwendungen des Konzepts vertiefter Handlungserklärungen: Freud und Marx

Die methodische Bedeutung einer Diskussion gemischter intentional-funktionaler Handlungserklärungen wird dadurch erhöht, dass wir zwei Theorietraditionen, die in der westeuropäischen Kultur von erheblichem Einfluss waren, vor diesem Hintergrund methodologisch interpretieren können: die *Psychoanalyse* und den *Marxismus*. Die jeweiligen Begründer dieser Theorietraditionen, Sigmund Freud und Karl Marx, sind einem szientistischen Selbstmissverständnis zum Opfer gefallen. So lautet jedenfalls die gängige Auffassung. Wir können aber zumindest in Umrissen sehen, dass die Möglichkeit besteht, diese beiden Traditionen methodologisch in das anti-szientistische Konzept der erweiterten Handlungserklärung einzubetten. Dabei können Psychoanalyse und Marxismus hier nur sehr knapp dargestellt werden.

Beginnen wir mit der Psychoanalyse und ihrer *Unterscheidung zwischen Es, Ich und Über-Ich*. Das Es ist die Quelle der Triebe und Wünsche. Das Ich bietet die Informationen (3.127–3.128) über die Welt, aus denen die Mittel zur Befriedigung der Triebe und Wünsche im Es hervorgehen. Das Über-Ich verkörpert im Allgemeinen die Normen und Regeln der sozialen Umwelt handelnder Personen. Das Es wird kanalisiert durch das Ich – die Welt enthält nicht Mittel zur Befriedigung aller Bedürfnisse (5.261). Das Ich wird kontrolliert durch das Über-Ich: Die Wahl der verfügbaren Mittel zur Befriedigung der Bedürfnisse wird eingeschränkt durch soziale Regeln und Normen, denen diese Wahl zu genügen hat. Diese Kanalisierung und Kontrolle wird durch zwei Prinzipien gesteuert: das *Lustprinzip*, das Aktivitäten zur unmittelbaren Lustmaximierung und Unlustreduktion fordert, und das *Realitätsprinzip*, das eine Kalkulation der Verschiebung unmittelbaren Lustgewinns zwecks späterer Optimierung der Lust fordert.

5.292 *Freuds Konzeption von Es, Ich und Über-Ich*

Freuds Konzeption von Es, Ich und Über-Ich stellt die wesentlichen Bestandteile einer erweiterten Handlungserklärung bereit:

(a) Das Es spielt für die voluntative Prämisse (= Wunschprämisse) der Handlungserklärung eine wichtige Rolle, das Ich für die Überzeugungsprämisse, und das Über-Ich für den Verweis auf die sozialen Regeln, denen wir folgen, wenn wir – getrieben durch das Es und kanalisiert durch das Ich – etwas Bestimmtes tun.

(b) Ein Handeln zu verstehen heißt in diesem psychoanalytischen Rahmen im Wesentlichen, das Handeln als Resultat des Zusammenspiels von Es, Ich und Über-Ich intelligibel zu machen – und zwar nach Maßgabe der beiden Rationalitätsprinzipien, die die eigene Lustmaximierung gewährleisten sollen, nämlich des Lustprinzips und des Realitätsprinzips, die im Wesentlichen unsere Präferenzen ordnen.

Diese knappe Kennzeichnung des psychoanalytischen Modells ist in mancher Hinsicht zu glatt und zu einfach. Freud selbst beispielsweise scheint häufig unverblümt szientistisch und physikalistisch zu reden. Er identifiziert meist das Es mit dem Unbewussten, das Ich dagegen mit dem Bewusstsein. Außerdem ist der Prozess der Verdrängung ein wichtiges Element der Theorie. Diese und andere Faktoren werden im skizzierten handlungstheoretischen Modell von 5.292 nicht repräsentiert. Allerdings können wir versuchen, diese und andere Elemente in das Modell einzuarbeiten.

Es gibt beispielsweise interessante Versuche, das Es im psychoanalytischen Sinne in eine reiche Theorie der Gefühle (3.169–3.170) einzubetten, wie sie heute von der Philosophie des Geistes und der Emotionspsychologie entwickelt wird. Denn der Geist hat, wie wir in Band 3 gesehen haben, eine *physikalische* Grundlage, in der er realisiert ist: die hirnphysiologischen Prozesse, die dem Reich der Natur angehören. Soweit das Es z. B. Triebe und ihre Wirkungen enthält, operiert es auf dieser physikalischen Ebene. Wenn Freud allerdings die Begrifflichkeit von Lust und Schmerz für diese Ebene verwendet, wird deutlich, dass es sich genauer um *gefühlsbesetzte* Elemente handelt, d. h. um phänomenale mentale Zustände (3.104, 3.166), die mit Subjektivität ausgestattet sind. Dennoch handelt es sich um Gefühle, die zwar eine Qualität, aber keinen Gehalt haben und die daher nicht in das Verstehen gehoben werden können, sondern nur kausal wirksam sind. Freud scheint das Unbewusste oft als ein *System* (2.93) zu beschreiben, das sich *stabil* zu halten sucht. Der Vorschlag, seelische Strukturen als *unbewusst* anzusehen, scheint also unter anderem nach sich zu ziehen, sie *funktional* zu beschreiben. Diese Funktionalität ist ein Index für unsere mangelnde Kontrolle oder Autonomie in Hinsicht auf das Unbewusste. Diese Art der Beschreibung bleibt ebenfalls, wie wir wissen, im Rahmen der Kausalität. Für diese Sphäre der Seele ist also die szientistische Orientierung Freuds durchaus angemessen. Eine Theorie der Seele darf diese Ebene nicht unberücksichtigt lassen und muss auch ihr Verhältnis zu den anderen mentalen Ebenen studieren.

Auch das Zusammenspiel zwischen Es, Ich und Über-Ich läuft weitgehend *unbewusst* (5.293 (3)) und insofern kausal ab. Das gilt zum Teil auch von der Kontrolle und der Zensur, die das Ich über das Es und das Über-Ich über das Ich ausüben. Das Problem ist hier allerdings, dass die rein kausale Ebene nicht in das Reich des Verstehens und damit in das verstehende Bewusstsein gehoben werden kann, denn dort gibt es keine Gehalte, die das Verstehen erfassen könnte (obgleich diese Ebene natürlich Gegenstand einer naturwissenschaftlichen Theorie oder einer empirischen Deskription sein kann). Der entscheidende Aspekt der psychoanalytischen Therapie kann also von der physikalistischen Ebene der Theorie nicht eingeholt werden.

Tatsächlich beschreibt Freud das Unbewusste an vielen Stellen so, dass es dem Bewussten viel näher steht, als es die bisherige Darstellung erwarten lässt. Dies gilt vor allem insofern, als einige Elemente des Unbewussten einen Gehalt haben und so dem Verstehen zugänglich gemacht werden können. Zu diesen Elementen scheinen nicht nur unbewusste gehaltvolle Wünsche, sondern auch andere Gedanken zu gehören, z. B. Erinnerungen oder Überzeugungen (an einigen Stellen spricht Freud auch vom Vorbewussten). Vermutlich muss angenommen werden, dass das Unbewusste zwei verschiedene Ebenen enthält, von denen nur diejenige, die eine semantische Dimension hat, dem handlungstheoretischen Modell zufolge dem Verstehen zugänglich gemacht werden kann. Einen der Aspekte des semantisch strukturierten Unbewussten können wir so beschreiben, dass den Aktoren der *Gehalt* vieler ihrer Wünsche, Informationen (3.127–3.128) und sozialen Handlungsbeschränkungen nicht vor Augen steht und häufig nicht einmal zugänglich ist. Allerdings werden diese unbewussten Elemente von Es, Ich und Über-Ich oft *manifest* im Verhalten der Aktoren – in bestimmten materiellen Aktivitäten, aber z. B. auch in Träumen, freien Assoziationen und vor allem in Leidenserfahrungen. Es macht einen wichtigen Teil der Aufgabe des Therapeuten oder der Therapeutin aus, diese Manifestationen so zu interpretieren, dass der *Gehalt* unbewusster Wünsche, Informationen (z.B. Erinnerungen) und Regelbefolgungen ans Licht tritt und sprachlich gefasst werden kann. Auf diese Weise soll sich der Klient seine eigenen Aktionen *intelligibel* und *rationalisierbar* machen: Er soll lernen, *sich selbst zu verstehen*, er soll eine neue Selbstbeschreibung formulieren können. Erst auf dieser Ebene können die Gefühle und die anderen Gedanken, die von den Prämissen der Selbstbeschreibung dargestellt werden, vielleicht sogar einer Revision unterworfen werden.

Der Prozess des psychoanalytisch angeleiteten Verstehens lässt sich also vermutlich ohne bedeutende Abstriche als Prozedur der Erweiterung volkspsychologischer Handlungserklärungen auffassen – als Prozedur, die uns die *Tiefenbedeutung* unserer manifesten Handlungen entschlüsseln soll. Einige unserer Wünsche und Informationen (3.127–3.128) sind uns bewusst, d.h., wir können uns in einem ersten Schritt unsere eigenen Handlungen und die Handlungen anderer über manifeste, zugängliche Absichts-Überzeugungspaare intelligibel (= einsichtig) machen. Aber wenn wir diese ersten Handlungserklärungen *erweitern* und *vertiefen* wollen, müssen wir uns die Gehalte des Unbewussten erschließen. Diese Entschlüsselung muss bis zum sozialen Aspekt des Über-Ich vorstoßen, reicht also bis in die *gesellschaftlichen* Bereiche hinein. Wie bereits erwähnt, kann das psychoanalytisch angeleitete Verstehen auch als eine Prozedur betrachtet werden, die das Seelische aus ihrem funktionalen Status herausholt und auf die intentionale Ebene hebt. Solange dieser Verstehensprozess nicht in Gang gesetzt wird, bleiben unsere manifesten, rationalisierbaren Handlungen abhängig von tieferliegenden, funktionalen Prozessen im Unbewussten.

5.293 *Handlungstheoretische Rekonstruktion einiger Intuitionen der Psychoanalyse*

(1) Das Es (Quelle der Triebe und Wünsche, beschrieben durch voluntative Sätze), das Ich (Quelle der Information (3.127–3.128) und der Mittelwahl für Bedürfnisbefriedigung, beschrieben durch Sätze über Überzeugungen) und das Über-Ich (Quelle sozialer Regeln und Normen, beschrieben durch Normsätze) stehen für Bestandteile vertiefter Handlungserklärungen (Wunsch, Überzeugung, soziale Regel).

(2) Das Es ist ein interner Bestandteil der physikalistisch und funktionalistisch beschreibbaren Natur (5.229). Das Ich ist ein interner Bestandteil des Geistes. Das Über-Ich ist ein interner Bestandteil des Sozialen.

(3) Das Zusammenspiel von Es, Ich und Über-Ich ist nach Freud unbewusst. Der Begriff des Unbewussten ist dunkel, aber zwei Aspekte sind wichtig:

  (a) Die Gehalte (3.133) vieler Absichten, Informationen und sozialer Handlungsbeschränkungen sind zunächst nicht zugänglich, d. h. nicht bewusst, sondern werden für Beobachter allenfalls im Verhalten manifest.

  (b) Das Unbewusste operiert eher wie ein System, also funktional, nicht intentional.

(4) Die psychoanalytische Therapie besteht im Kern darin, die unzugänglichen Gehalte von Absichten und Überzeugungen und ihre sozialen Tiefenbedeutungen (also ihre Einbettung in einschränkende soziale Regeln) aus der funktionalen auf die intentionale Ebene zu heben und so erst zugänglich zu machen. Es handelt sich um einen Prozess des Selbstverstehens und der Selbstrationalisierung.

Die kausale Ebene der Seele ist dabei allerdings unterbestimmt geblieben. Denn es handelt sich hier nicht um kategorial beliebige Faktoren, sondern im Kern um *Triebe*, d. h. um kausale Faktoren, die als Gefühle (3.169–3.170) in Kategorien der Subjektivität zu beschreiben sind, ohne dass sie schon als gehaltvoll betrachtet werden. Gefühle werden auf dieser Ebene von bestimmten externen Faktoren ausgelöst und steuern auf kausale Weise direkt das Verhalten. Sie können aber in gewissen Situationen auch unerträglich sein und werden dann *verdrängt*. Theoretisch wichtig ist dabei, dass wir uns im günstigsten Fall daran erinnern können, dass wir in bestimmten Situationen gewisse Gefühle hatten, und dass die externen Faktoren, von denen Gefühle ausgelöst werden, zum Gehalt eben dieser Gefühle werden können. Mehr noch, wir können im günstigsten Fall vielleicht sogar realisieren, dass, wenn früher einmal Gefühl G durch den externen Faktor F ausgelöst wurde, wir letztlich G mit dem Gehalt F empfanden. Durch diesen spezifischen Prozess der Erinnerung an Gefühle in bestimmten Situationen können Gefühle, die zunächst ohne Gehalt dem physikalischen Reich zugehörten, mit Gehalt versehen und der verstehenden Selbstbeschreibung zugänglich gemacht werden. Dies ist vielleicht auch eine einigermaßen angemessene Beschreibung der Art und Weise, wie Verdrängungen aufgehoben werden können.

Die Verknüpfungen zwischen funktionaler und intentionaler Ebene in der Psychoanalyse erinnern auch an die *Struktur der Marx'schen Theorie*, denn auch diese Theorie weist sowohl funktionale als auch intentionale Aspekte auf. Wie diese beiden Aspekte miteinander zu vermitteln sind, ist ein Gegenstand fortdauernder Kontroversen, die auch die Gesellschaftstheorie allgemein betreffen. Grob formuliert lässt sich sagen, dass Marx in seinen frühen Schriften eher den intentionalen Aspekt sozialer Prozesse betont, während die späteren Schriften vor allem die funktionale Seite gesellschaftlicher Prozesse herausheben. Denn in den frühen Schriften dominiert die Intuition, dass es letztlich immer die Menschen und ihre Absichten sind, die die Geschichte machen. In den späten Schriften wird dagegen zunehmend betont, dass die Entwicklung moderner Gesellschaften überwiegend von Prozessen beherrscht wird, die den Individuen wie eine fremde Macht entgegentreten und ihren eigenen Handlungsgründen zuwiderlaufen. Und wie in der Psychoanalyse ist die Funktionalität von Prozessen auch für Marx ein Indiz dafür, dass wir diese Prozesse nicht kontrollieren können. Zugleich hält Marx es für möglich, diese Funktionalität zu durchbrechen und die zentralen gesellschaftlichen Prozesse der Kontrolle von Individuen zu unterwerfen.

Marx expliziert die Idee autonomer gesellschaftlicher Kontrolle hauptsächlich in *Begriffen produktiver Aktivität*, also über den *Begriff der Arbeit* in diesem erweiterten Sinn. Am Paradigma künstlerischer nicht-entfremdeter Produktion (nach 5.285) lässt sich zeigen, dass die Aneignung der Natur nach unseren eigenen Wünschen zu Produkten führen kann, in denen wir uns *selbst* anschauen können, d. h. deren Struktur *und* Verwendung unseren Wünschen *nicht* entgleitet. Arbeit soll die Natur unseren Zwecken unterwerfen, aber so, dass diese Unterwerfung sich nicht am Ende gegen die von uns gesetzten Zwecke kehrt. Diese Intuition können wir handlungstheoretisch abbilden. Produktive Arbeit, die unserem Leben einen Sinn geben kann, muss den Typus rationalisierbarer Handlungen instantiieren.

Aber produktive Arbeit ist natürlich stets eingebettet in ein gesellschaftliches Umfeld. Historischer Materialismus und Kapitalismusanalyse wollen nachweisen, dass dieses Umfeld sich in einer Weise entwickelt hat, die Marx gelegentlich »naturgesetzlich« nannte, die wir aber aus heutiger Sicht besser als funktional ansehen sollten. Weite Teile des *Kapital* beispielsweise können so gelesen werden, dass sie funktionale Erklärungen (2.98–2.99) liefern. So gilt – um nur ein Beispiel herauszugreifen – die Warenproduktion als ökonomisches System. Eine der wichtigsten Bedingungen für die Stabilität der Warenproduktion ist der reibungslose Warentausch. Dabei kann es externe oder interne Faktoren und Entwicklungen geben, die diese Systembedingung gefährden. Als z. B. die Warenproduktion noch nicht geldvermittelt war, führte die zunehmende Vielfalt von Produkten aus offensichtlichen Gründen zu einer Gefährdung des Warentausches, weil die Listen für Paare von Warenäquivalenten immer länger wurden und Verkäufer und Käufer daher immer mehr Mühe hatten, zueinander zu finden. Die Einführung von Geld löste dieses Problem, d. h., es sicherte die notwendige Systembedingung für einen reibungslosen Warentausch.

Diese Argumentation ist ein klares Beispiel für eine funktionale Erklärung nach dem üblichen Standardschema – ein Beispiel allerdings, das zugleich eine spezifisch *dialektische* Variante darstellt. Der dialektische Aspekt bringt die *Dynamik* von Systemen ins Spiel. Bestimmte Entwicklungen drohen zu Systemzuständen zu führen, die gewisse notwendige Systembedingungen gefährden, d. h. in Widerspruch zu diesen Bedingungen geraten. Hier handelt es sich natürlich nicht um logische Widersprüche, sondern um *konträre* Widersprüche (1.30 (d)), d. h. um eine *empirische Unvereinbarkeit* zwischen Typen von Systemzuständen (die Dialektiker sprachen ein wenig nebulös von *realen* Widersprüchen). Diese Widersprüche müssen aufgehoben werden, wenn das System stabil bleiben soll. Dies geschieht durch Einführung eines weiteren Systemzustandes, der die empirisch zunächst als unvereinbar erscheinenden Zustände vereinbar und zugleich das System selbst reicher und komplexer macht:

5.294 *Dialektisch erweiterte funktionale Erklärung*

Eine *dialektisch erweiterte funktionale Erklärung* hat folgende Form: Wenn C(S) ein systemgefährdender Zustand des Systems S ist, so gilt:
(a) N(S);
(b) $N(S) \supset B(S)$;
(c) zu t_1: C(S) derart, dass zu $t_2 > t_1$: $C(S) \supset \neg B(S)$;
(d) $D(S) \supset \neg (C(S) \supset \neg B(S))$; also:
(e) zu t_3 mit $t_2 > t_3 > t_1$: D(S).

Die berüchtigte *dialektische Methode* lässt sich also auf einfache und unproblematische Weise als Spezialfall einer gewöhnlichen funktionalen Erklärungsprozedur rekonstruieren (dabei wird die Komplikation unberücksichtigt gelassen, dass strikt genommen empirische konträre Widersprüche nicht gleichzeitig existieren können; die These, dass es dialektische Widersprüche gibt, muss demnach weich interpretiert werden, nämlich so, dass soziale Prozesse auf dialektische Widersprüche hinauslaufen).

Aber damit ist noch nicht geklärt, wie bei Marx die funktionale und intentionale Ebene aufeinander bezogen sind. Der Versuch, den Status der funktionalen Ebene zu klären, bietet ähnlich ernste Probleme wie im Fall der Psychoanalyse. Aber eine der zentralen Intuitionen bei Marx ist sicher ebenso wie bei Freud, dass eine Erweiterung volkspsychologischer Handlungserklärungen auf intentionaler Ebene zunächst auf die funktionale Ebene führt. Erst wenn wir erkennen, auf welche Weise unsere rationalisierbaren Handlungen in die großen funktionalen Strukturen und Prozesse der Gesellschaft eingebettet sind, erkennen wir die *tiefere Bedeutung* (d. h. die weiterreichende Verständlichkeit) unserer Handlungen. Es handelt sich hier um nicht-intendierte Begleitumstände und Effekte unserer intendierten Handlungen. Und ähnlich wie in der Psychoanalyse besteht die *gesellschaftliche Therapie* darin, den funktionalen Bereich durch den intentionalen Bereich unseres Handelns einzuholen:

5.295 *Methodische Grundzüge der Marx'schen Theorie*

(1) Die Theorie weist funktionale und intentionale Aspekte auf. Gesellschaftliche Funktionalität verweist auf gesellschaftlichen Kontrollverlust, intentionales Operieren auf gesellschaftliche Autonomie.
(2) Produktive, nicht-entfremdete Arbeit (in Form rationalisierbarer Handlungen) kann gesellschaftliche Funktionalität durchbrechen (unter optimalen Bedingungen).
(3) Der Kapitalismus impliziert durchgreifende gesellschaftliche Funktionalität.
(4) Im Kapitalismus (und anderen entfremdeten Gesellschaftsformationen) ist eine vordergründige Intentionalität eingebettet in eine tiefere Funktionalität (die Tiefenbedeutung der Intentionalität).
(5) Gesellschaftliche Therapie besteht im Kern in der Aufdeckung der funktionalen Tiefenbedeutung der Intentionalität über erweiterte Handlungserklärungen, und auf dieser Grundlage in dem Versuch, den funktionalen Bereich und damit die Gestaltung gesellschaftlicher Strukturen einer intentionalen Kontrolle zu unterwerfen.

Kritische Sozialwissenschaft

Wenn wir klären wollen, was kritische Sozialwissenschaft ausmacht, ist es hilfreich, sich zunächst zu überlegen, was es heißen kann, dass wissenschaftliche Theorien (4.207, 4.211) *kritisch* sind.

Wenn wir uns beispielsweise an der allgemeinen wissenschaftstheoretischen Charakterisierung der wissenschaftlichen Aktivität orientieren, dann ist jede wissenschaftliche Theorie idealerweise insofern kritisch, als ihre Behauptungen für Kritik offen stehen, also anhand ihrer logischen Konsequenzen kritisch geprüft (bestätigt oder widerlegt) werden können – natürlich unter herrschaftsfreien Bedingungen von Freiheit und Information. Auf dieser Grundlage lassen sich *vier Formen möglicher Kritik an vorgeschlagenen Theorien* festmachen:

- (i) Die vorgeschlagenen Theorien sind überhaupt nicht wissenschaftlich.
- (ii) Die Prüfung der Theorie erfolgt nicht unter herrschaftsfreien Bedingungen.
- (iii) Die (philosophischen) Grundlagenprobleme der Theorien werden nicht reflektiert.
- (iv) Die Überprüfung einer Theorie geht von sehr kleinen Expertengruppen aus.

Diese Varianten beschreiben eine *wissenschaftsimmanente* kritische Haltung, die professionelle wissenschaftliche Aktivitäten begleiten kann. Es kann natürlich auch *moralische* Kritik an der gesellschaftlichen Einbindung der Wissenschaften geben, insbesondere

- (v) moralische Kritik an der Problemwahl und dem Erkenntnisinteresse der Wissenschaftler und
- (vi) moralische Kritik an der Anwendung der Theorien.

Im Sinne von (v) und (vi) ist häufig von verantwortungsbewusster Wissenschaft die Rede. Aber wie (i)–(iv) repräsentieren auch (v)–(vi) normative kritische Einstellungen, die eine ansonsten professionell betriebene Wissenschaft begleiten können, die aber selbst nicht eine wissenschaftliche Gestalt haben. Andere Formen der Kritik lassen sich auf gesellschaftliche Aspekte der Konstruktion und Überprüfung von wissenschaftlichen Theorien beziehen, z. B.

(vii) Kritik an Restriktionen, die von moralisch problematischen Terminologien und Fragestellungen für fruchtbare Theorienentwicklung ausgehen,
(viii) Kritik an der Illusion (des »bürgerlichen Gelehrten«), die wissenschaftliche Arbeit sei frei von gesellschaftlichen Einflüssen,
(ix) Kritik an wissenschaftlich erklärten Tatsachen und ihren wissenschaftlich gefundenen Ursachen (2.74–2.77) (vor allem im Rahmen funktionaler und verstehender Methoden).

Schließlich gibt es noch drei große Ideen der Kritik an Wissenschaft, die sämtlich mit der Frankfurter Schule assoziiert sind:

(x) die Kritik an der Moderne (am Projekt der Aufklärung und an der modernen Wissenschaft),
(xi) die Identifizierung, Erklärung und Kritik der großen Pathologien moderner Gesellschaften,
(xii) die Kritik an repressiven Zuständen unter der Perspektive emanzipatorischer Ideen.

Bei diesen drei Ideen handelt es sich um tiefergreifende Konzepte von Wissenschaftskritik, die zu Begriffen kritischer Wissenschaft mit gleichsam eingebautem kritischen Anspruch führen. Erst die Varianten (x)–(xii) sind Formen kritischer Wissenschaft im eigentlichen Sinne, die unter anderem eine Kritik der Wissenschaften in wissenschaftlicher, reflektierter Form enthalten und zur Verbesserung gesellschaftlicher Umstände beitragen sollen.

Wir können also insgesamt zwölf verschiedene Möglichkeiten einer Verbindung von Wissenschaft und Kritik unterscheiden.

Es ist klar, dass sich die Kritikformen (ix)–(xii) nur mit funktional oder verstehend verfahrenden Wissenschaften verbinden lassen. Erst mit (x)–(xii) allerdings steuern wir auf das Konzept einer kritischen Theorie im Sinne der Frankfurter Schule zu.

Wir müssen uns vergegenwärtigen, dass vor allem funktionale oder verstehende soziologische Theorien das Ziel verfolgen können, jene Zustände, die sie erklären, zugleich einer externen ethischen (d. h. auf Konzepte des guten Lebens zurückgreifenden) oder moralischen Kritik zu unterziehen. Insbesondere können Interpreten auch von außen, also aus ihrer eigenen Perspektive heraus, bestimmte Konzepte des guten Lebens oder bestimmte Absichten und Überzeugungen eines Aktors kritisch unter die Lupe nehmen, auch wenn seine Handlungen im Lichte seiner mentalen Zustände (3.104) intelligibel sind. Um einen besonderen Fall handelt es sich, wenn es um nicht-intendiertes konformes Verhalten oder absehbare nicht-intendierte Folgen – als Begleitumstände von Handlungen im vollen Sinne – geht. In diesem Fall kann eine *Aufklärung* über die Begleitumstände zu einer kritischen Überprüfung von Handlungen führen. Vielleicht will Christine die sozialen Regeln der EU-Bürokratie überhaupt nicht befolgen, weil sie in ihnen anti-demokratische Implikationen wittert; und sobald ihr nachgewiesen wird, dass sie, indem sie gewissen engeren Ausführungsregeln absichtlich folgt, jene allgemeinen EU-Regeln durch konformes Verhalten stützt, könnte sie von ihren Handlungen Abstand nehmen. Kritische Überlegungen und Diskussionen dieser Art, die früher *Ideologiekritik* genannt wurden und sich heute handlungstheoretisch rekonstruieren lassen, durchbrechen offenbar den Rahmen der gewöhnlichen und erweiterten Handlungserklärungen. Denn zusätzlich kommen Umstände ins Spiel, die nicht Teil der Gehalte dieser Zustände sind. Die Interpreten bringen vielmehr auch eigene Einsichten zur Geltung. Dasselbe gilt natürlich auch für den Fall *nicht-intendierter Folgen* von Handlungen, nämlich wenn wir verstehen und einsehen, was ein Aktor mit einer Handlung »anrichtet«, ohne diese Folge zu beabsichtigen oder auch nur zu kennen.

Im Gegensatz zu kausalen Erklärungen sind Handlungserklärungen also damit vereinbar (und sind oft sogar Voraussetzung dafür), das Erklärte *kritisch* zu prüfen, z. B. durch Überprüfung der Widerspruchsfreiheit der Prämissen der Handlungserklärung mit anderen mentalen Zuständen (3.104) des Aktors, durch Befragung der Haltbarkeit der Prämissen der Handlungserklärung und durch Aufdeckung der sozialen Regeln, zu denen sich Aktoren ohne Absicht regelkonform verhalten.

5.296 *Kritische Sozialwissenschaft*

Eine sozialwissenschaftliche Theorie ist *kritisch*, falls sie
(1) die oben genannten Bedingungen (i)–(ix) erfüllt,
(2) das Ziel verfolgt, den Aktoren durch Präsentation von erweiterten Handlungserklärungen dabei zu helfen, die Akzeptanz ihrer Handlungen kritisch zu überprüfen,
(3) die Tiefenbedeutungen von Handlungen auf Vereinbarkeit mit Standards des guten Lebens und der Moral prüft,
(4) und im Sinne von (1)–(3) *Aufklärung* betreibt.

Wenn wir uns die Methode des Verstehens von Handlungen in der Komplexität, wie sie bisher entwickelt wurde, vor Augen halten, dann können wir sehen, dass das Verstehen in diesem Sinn zu *ethischen Diskursen* führt, die scharf unterschieden werden müssen von den heute so verbreiteten *therapeutischen Diskursen*:

5.297 *Therapeutische und ethische Diskurse*

(1) *Therapeutische Diskurse* gehen gewöhnlich von *Störungen* aus, die bei Menschen entstehen können, die sensibler oder weniger anpassungsfähig sind oder Schrecklicheres erlebt haben als andere Menschen. Diese Störungen entstehen aus dem Unbewussten, haben den Anschein von Irrationalität und müssen aufgelöst, die gestörten Menschen müssen wieder integriert werden.

(2) *Ethische Diskurse* beruhen auf erweitertem Handlungsverstehen und können zwar auch von Problemen ausgehen, aber sie koppeln sich niemals an Störungen an. Sie verstehen sich als Analyse von intentionalem, absichtlichem Handeln, nicht als Analyse des Unbewussten. Sie unterstellen Rationalität (3.161), nicht Irrationalität, und sie versuchen die Interpretanden mit präzise bestimmbaren methodischen Mitteln zu mehr Klarheit und zu mehr Sicherheit über ihr eigenes Handeln zu bringen – nach kritischer Prüfung, der die Interpretanden zustimmen müssen.

Therapeutische (im weitesten Sinne psychoanalytisch angeleitete) Diskurse setzen am Unbewussten an, bislang allerdings ohne selbst über einen klaren Begriff des Unbewussten zu verfügen. Ethische Diskurse sind dagegen wesentlich aufklärerische Diskurse, aber sie knüpfen dabei gewöhnlich, im Gegensatz zu therapeutischen Diskursen, an Kompetenzen und Einstellungen und Standards an, die bei ihren Adressaten aufgrund von Bildungsprozessen bereits gegeben sind. Ethische Diskurse betrachten ihre Adressaten als Personen, die bereits einen Ort im Raum der Gründe gefunden haben. Sie wollen Lebenskonzepte stimmig machen und auf gesellschaftliche Mechanismen beziehen.

Wie die Tradition der Vernunftreligion, so ist auch die Tradition der ethischen Diskurse in der westlichen Kultur vom Christentum für lange Zeit verdrängt worden. Die Christen haben ihre eigenen *entziffernden* Diskurse entwickelt. Diese Diskurse bestehen im Kern aus einem Bekennen von Sünden. Wenn alle Menschen grundsätzlich Sünder sind, so können und müssen sie sich vor allem durch das Offenlegen, durch das Dechiffrieren ihrer Sünden vor dem Tribunal der Priester als Vertreter Gottes auf Erden von dieser Hypothek ein Stück weit zu befreien suchen.

Zu religiösen Diskursen ließe sich sehr viel mehr sagen. An dieser Stelle kommt es nur darauf an zu erkennen, dass den heute verbreiteten religiösen und therapeutischen Diskursen zur Unterstützung der Selbstreflexion des Menschen wieder eine attraktive Alternative gegenübergestellt werden kann: der *ethische* Diskurs, der bereits von der antiken Philosophie gepflegt wurde und der heute im Rahmen der modernen theoretischen Philosophie des Sozialen als Methode des erweiterten Verstehens handlungs- und interpretationstheoretisch reformuliert werden kann.

Kritische Theorien

Das Konzept der *kritischen Theorie* im Sinne der Frankfurter Schule geht über die Idee einer verstehenden soziologischen Theorie und auch über die Idee einer kritischen, funktional und interpretativ verfahrenden Soziologie hinaus. Die *Kritische Theorie* hat nach verbreiteter Auffassung allerdings eine bestimmte historische Gestalt angenommen, wie sie in der sogenannten Frankfurter Schule von Autoren wie Max Horkheimer, Theodor Adorno, Walter Benjamin, Herbert Marcuse und anderen ausgearbeitet wurde. Diese historische Kritische Theorie tritt als ein interessantes interdisziplinäres Forschungsprojekt an, das sich zum Teil an marxistische Überzeugungen bindet, dessen methodologische und gesellschaftskritische Selbstdarstellung jedoch vor dem Hintergrund heutiger philosophischer Standards an erheblichen Defiziten leidet und daher rekonstruktionsbedürftig ist. Im Rahmen der modernen theoretischen Philosophie sollte diese Rekonstruktion von *fünf argumentationsstrategischen Vorentscheidungen* ausgehen:

(1) Gegenstand der Reflexion sollte nicht die historische Kritische Theorie selbst sein, sondern *die kritische Theorie (= KT) als ein Typus von Theorien*, den unter anderem die historische KT bis zu einem gewissen Grade instanziiert.

(2) Die philosophische Diskussion der KT sollte *vom materialen, historischen, empirischen Gehalt der KT (und der historischen KT) absehen*, da dessen Erforschung nicht in die Kompetenz der Philosophie fällt – obgleich einzuräumen ist, dass am interdisziplinären Charakter einer KT festzuhalten ist, so dass eine Kooperation von Philosophie und Sozialwissenschaften gefordert ist.

(3) Die KT sollte *vom Problem der Normenbegründung entlastet werden*, das in den Aufgabenbereich der Sozialontologie und Moralphilosophie fällt; die Struktur einer KT ist daher unter der Voraussetzung zu diskutieren, dass moralische Normen als Basis für gesellschaftliche Kritik bereits zur Verfügung stehen.

(4) Die KT sollte sich *nicht auf einen Totalitätsanspruch verpflichten*, der auf eine Kritik des gesamten gesellschaftlichen Systems zielt; vielmehr sollte die Möglichkeit *partieller* kritischer Theorien eingeräumt werden, die sich auf unterschiedliche Gegenstandsbereiche und Adressatengruppen beziehen.

(5) Die KT sollte *einen definitiven systematischen Sitz in einer modernen Philosophie der Sozialwissen-*

schaften erhalten und sich in diesem Rahmen als interessanter Spezialfall einer Sozialwissenschaft präsentieren, die sich sowohl verstehender Methoden bedient als auch bei Bedarf auf kausale oder funktionale Erklärungen (2.98–2.99) zurückgreift.

Ein wichtiges Merkmal kritischer Theorien ist eine spezifische Reflexivität, die eine entscheidende Grundlage für ihren emanzipatorischen Charakter ist:

5.298 *Reflexivität von Theorien*

(1) Theorie T ist *reflexiv*, wenn T Gegenstand einiger Theoreme von T ist.
(2) T ist *genetisch reflexiv*, wenn T die Entstehung von T untersucht.
(3) T ist *rational reflexiv*, wenn T prognostiziert, was geschehen wird, wenn T von den Adressaten von T übernommen wird.
(4) T ist *emanzipatorisch*, wenn T rational reflexiv ist und die Befreiung der Adressaten von T aus Repression prognostiziert und zu dieser Befreiung beiträgt.

Es sind vor allem die Bedingungen (3) und (4), die speziell für kritische Theorien gelten. Die zentrale Idee besteht darin, dass die Adressaten kritischer Theorien (also die gesellschaftlichen Aktoren, deren Handlungen den von der kritischen Theorie entworfenen emanzipatorischen Prozess tragen) zur Formierung und Überprüfung der kritischen Theorie beitragen sollen. Diese Idee ist sicherlich nicht leicht zu verstehen und noch weniger leicht zu realisieren. Aber wenn diese Idee leitend für kritische Theorien ist, dann lassen sich kritische Theorien durch eine Reihe von spezifischen Bedingungen auszeichnen. Eine *kritische Theorie*

(1) *definiert* im Rahmen ausgewogener Konzepte des guten Lebens und bestimmter gesellschaftlicher Bedingungen im Sinne eines rationalen Egoismus *objektive Interessen* (5.261),
(2) bestimmt auf der Grundlage von (1) sowie auf der Basis von Gleichheitsnormen *Frustrationen objektiver Interessen und repressive Zustände*,
(3) untersucht den *Beitrag des Befolgens sozialer Regeln* (im Rahmen von Handlungserklärungen und funktionalen Erklärungen) *zur Frustration objektiver Interessen und zur Einführung und Stabilisierung repressiver Zustände*,
(4) *nimmt die moralische Verpflichtung der Sozialwissenschaften ernst* und kritisiert auf der Basis verfügbarer moralischer Normen jene Ziele und sozialen Regeln, die nach (3) untersucht werden,
(5) *operiert ideologiekritisch*, indem sie im Rahmen von vertieften und gemischten Handlungserklärungen nachweist, dass einige Personen Handlungen vollziehen, die soziale Effekte haben oder in Regeln eingebettet sind, die von den handelnden Personen abgelehnt werden,
(6) ist *rational reflexiv in einem starken Sinne*, weil sie hofft, behauptet oder sogar prognostiziert, dass ihre unterdrückten Adressaten aufgrund der Ideologiekritik und ihrer Interessenlage die kritische Theorie akzeptieren und ihre Befreiung politisch durchzusetzen versuchen,
(7) macht *ihre Bestätigung* (4.216–4.217) *insofern vom Urteil ihrer Adressaten abhängig*, als diese die kritische Theorie nicht nur als Anleitung zu politischer Aktion akzeptieren, sondern (gegebenenfalls unter idealen Bedingungen) auch deren Resultat als wirkliche Befreiung anerkennen,
(8) versteht sich im Sinne von (1)–(7) als *emanzipatorische Theorie*, die zugleich Handlungen oder soziale

Fakten erklären und auf dieser Basis zur Befreiung von Repression beitragen will, und

(9) will insbesondere tiefe soziale Regeln aufspüren, deren nicht-intendierte Befolgung Frustration und Repression bewirkt – soziale Regeln, die für Vorstellungen vom guten Leben leitend sind, die die Geschichte des Selbst maßgeblich steuern, die die Entwicklung der Gesellschaft maßgeblich beeinflussen sowie das Selbst und das gesellschaftliche (Sub-)System vielleicht sogar konstituieren.

Diese Bedingungen zeigen, dass kritische Theorien auf Elemente zurückgreifen, die in der theoretischen Philosophie nicht thematisiert werden können – beispielsweise Konzepte des guten Lebens und moralische Standards. Die neun Merkmale kritischer Theorien wurden hier nur deshalb aufgeführt, weil sie uns helfen können, die *methodologische Struktur* kritischer Theorien zu bestimmen und zu prüfen, ob kritische (emanzipatorische) Theorien wissenschaftliche Theorien (4.207, 4.211) sind und welche Arten von Behauptungen sie machen. Von der Beantwortung dieser Fragen hängt es ab, ob kritische Theorien auch unter den Standards moderner theoretischer Philosophie ein akzeptables Konzept darstellen können. Was genau wird also in kritischen Theorien behauptet? Sehen wir uns ein Beispiel an.

Die Gegner der Globalisierung argumentieren *und* agieren heutzutage politisch etwa folgendermaßen:

(1) Viele Menschen, vor allem in der sogenannten Dritten Welt, geraten durch die Globalisierung in eine Situation, die *repressiv* ist – eine Situation, die ihre *objektiven Interessen* (z. B. die Befriedigung der wichtigsten Bedürfnisse und Interessen, 5.261) auf *illegitime Weise unterdrückt* (allgemein: bestimmte Menschen leben in einer Situation, die *repressiv* ist, d. h., in der ihre *objektiven Interessen* auf *illegitime Weise unterdrückt werden*).

(2) Viele dieser betroffenen Menschen, aber auch einige der Personen in den reichen Industrieländern, die mit ihrem Handeln alle zu dieser Situation beitragen, haben die Möglichkeit und das *emanzipatorische Potential*, durch eigene Aktivitäten zu einer Veränderung der in (1) skizzierten Situation beizutragen (alle diese Personen sind die *Adressaten* der Theorie).

(3) Eine weitaus stärker dezentralisierte und lokale Wirtschaftsform kann die in (1) skizzierte Repressivität aufheben und damit die objektiven Interessen der Adressaten besser befriedigen (allgemein: Es gibt eine beschreibbare künftige soziale Situation, die die in (1) skizzierte Repressivität aufheben und damit die Situation der Adressaten verbessern würde).

(4) Diese bessere Situation ließe sich unter den gegebenen sozialen und ökonomischen Fakten durchaus realisieren, d. h., sie ist real ökonomisch und sozial möglich, also keine Utopie.

(5) Der Abschluss günstigerer Handelsverträge, die den US-amerikanischen und europäischen Markt für Produkte der Dritten Welt öffnen und die Überschwemmung der Märkte der Dritten Welt mit subventionierten Produkten der Industrieländer verhindern, könnte z. B. tatsächlich zu der skizzierten besseren Situation führen (allgemein: Es gibt mögliche soziale und ökonomische Maßnahmen, die tatsächlich zu der skizzierten besseren Situation führen können).

(6) Falls einige der Adressaten den Thesen (1)–(5) nicht zustimmen, weil sie z. B. der Meinung sind, dass die Globalisierung zu den besten realisierbaren Verhältnissen führt, die unter den gegebenen Umständen möglich sind, wird vermutet und ideologiekritisch geprüft, ob die Adressaten ihre

eigenen objektiven Interessen (5.261) nicht kennen oder ob sie die mögliche bessere Situation nicht im Blick haben oder ob sie vielleicht nicht einsehen, dass diese Situation tatsächlich ihre objektiven Interessen besser befriedigt, d. h., ob sie einer Selbsttäuschung unterliegen, die sich aufheben lässt.

(7) Konkrete Proteste und Demonstrationen, aber auch ein bestimmtes Wahl- oder Boykott-Verhalten und medienwirksame Argumentationen im Sinne der Theorie (1)–(6) werden dazu beitragen, diese Maßnahmen zu ergreifen (allgemein: Das Handeln der Adressaten im Sinne der Theorie (1)–(6) wird dazu beitragen, diese Maßnahmen zu ergreifen).

(8) Die Adressaten haben keine weiteren Interessen, wie etwa das pure Überleben oder das Vermeiden von unnötigen Schmerzen, die dem Erreichen der skizzierten besseren Situation vorzuziehen wären.

(9) Das Erreichen einer dezentralisierten Wirtschaftsform mit gerechten Handelsverträgen, und insofern eine radikale Einschränkung der Globalisierung, hat keine nicht-intendierten Nebeneffekte (wie etwa einen radikalen Rückgang der Produktivität), die schlechter für die Adressaten sind als das Nicht-Erreichen der skizzierten besseren Situation.

(10) Wenn die Theorie (1)–(9) korrekt ist und wenn die Adressaten diese Theorie anerkennen sowie im Sinne der Ziele der Theorie politisch handeln, wird es wahrscheinlich zu der skizzierten besseren Situation kommen.

(11) Es gibt keine bessere alternative Theorie gegenüber (1)–(10), die zur Verfügung stünde, um den skizzierten besseren Zustand zu erreichen.

(12) Wenn die Adressaten
  (i) gegebenenfalls nach ideologiekritischer Selbstprüfung die Absicht haben, die skizzierte bessere Situation zu erreichen, und wenn sie

(ii) überzeugt davon sind, dass die Theorie (1)–(11) korrekt ist, dann
(iii) ist es für die Adressaten vernünftig, einen politischen Prozess aktiv in Gang zu setzen mit dem Ziel, die bessere Situation zu erreichen; dieser Prozess ist eine *emanzipatorische Bewegung.*

Viele der Thesen (1)–(12) können ihrerseits ausgewachsene Teiltheorien darstellen. Wenn wir dies berücksichtigen, können wir erkennen, dass kritische Theorien *eine spezifische und äußerst komplexe Mixtur aus normalen empirischen Theorien* (4.210) (vgl. (2), (4), (5), (7), (9), (11)), *Handlungsrationalisierungen* (vgl. (12)) und *normativen Urteilen* (vgl. (1), (3), (8)) darstellen. Darunter sind auch *rational-reflexive Behauptungen* (vgl. (2), (7), (10), (12)). Die allgemeinste Großthese einer kritischen Theorie ist die Handlungsrationalisierungsthese (12).

5.299 *Form und Behauptungen kritischer Theorien*

Kritische (emanzipatorische) Theorien machen Behauptungen
(a) über die Repressivität bestimmter sozialer Zustände,
(b) über die Adressaten der kritischen Theorie und ihr emanzipatorisches Potential,
(c) über die faktische Überführbarkeit der repressiven Zustände in künftige, ökonomisch und politisch mögliche soziale Zustände, in denen die objektiven Interessen (5.261) der Adressaten besser befriedigt werden können,
(d) über die (gegebenenfalls ideologiekritische) Aufklärung der Adressaten über die Fakten (a) und (c),

(e) über die Form und Wahrscheinlichkeit, mit der das Handeln von aufgeklärten Adressaten, die den Thesen (a)–(c) der kritischen Theorie zustimmen, zur Verbesserung ihrer sozialen Situation beitragen kann, und
(f) über die Rationalität einer von der kritischen Theorie angeleiteten politischen Aktivität im Sinne von (e) unter der Bedingung, dass die Adressaten
   (i) die Absicht haben, ihre repressive Situation zu verbessern, und
   (ii) die Überzeugung haben, dass die Analyse (a)–(e) der kritischen Theorie korrekt ist.

Wenn kritische Theorien wissenschaftliche Theorien (4.207, 4.211) sein sollen, dann müssen alle ihre Teilthesen und Teiltheorien auch wissenschaftlich überprüfbar sein. Wir müssen angeben können, unter welchen Bedingungen kritische Theorien bestätigt oder falsifiziert sind:

5.300 *Bestätigungs- und Widerlegungskriterium für kritische Theorien*

(1) Kritische Theorien sind *bestätigt*, falls gilt:
   (a) Alle ihre empirischen Hypothesen und Theorien sind nach den üblichen wissenschaftstheoretischen Kriterien bestätigt (4.216–4.217).
   (b) Kritische Theoretiker und Adressaten stimmen nach Abschluss des emanzipatorischen Prozesses zwanglos zu, dass
      (i) die Beschreibung der ursprünglichen repressiven Zustände und des Emanzipationsprozesses durch die Theorie richtig war,

(ii) die von der Theorie bestimmten Adressaten den Prozess unter Anleitung der Theorie tatsächlich getragen haben,
(iii) der erreichte soziale Zustand im Lichte der objektiven Interessen der Adressaten tatsächlich weniger repressiv als der Ausgangszustand ist und nicht mit anderen wichtigen objektiven Interessen der Adressaten unvereinbar ist, sowie
(iv) Aussicht auf Stabilisierung des erreichten besseren Zustandes besteht.

(2) Kritische Theorien sind *falsifiziert*, wenn mindestens eine der in (1) genannten Bedingungen falsch ist.

Kritische Theorien sind nach 5.300 rational-reflexiv, denn sie machen ihre eigene Bestätigung oder Widerlegung unter anderem vom Urteil ihrer Adressaten abhängig. Dabei ist es freilich erforderlich, statistische Verfahren für die Feststellung dieses Urteils zu entwickeln, weil gewöhnlich nicht sämtliche Adressaten in all diesen Fragen zu einem Konsens kommen werden. Insgesamt ist damit das *Theorie-Praxis-Verhältnis* kritischer Theorien rekonstruiert.

Kritische Theorien haben demnach eine interessante, aber auch komplexe Form und sind sicherlich nicht leicht zu etablieren. Vertreter kritischer Theorien haben, wenn sie ihr Unternehmen ernst nehmen, extrem steile Begründungspflichten. Aber zugleich wird klar, dass es nicht nur im Prinzip möglich ist, für alle möglichen politisch repressiven Bereiche kritische Theorien zu konstruieren, sondern dass es sich dabei auch unter modernen wissenschaftstheoretischen Standards durchaus um ein rationales und intelligibles Unternehmen handelt, das überdies immer von erheblicher politischer und moralischer Bedeutung sein wird.

Die Vorherrschaft starker systemtheoretischer soziologischer Theorien im 20. Jahrhundert hat die Zuversicht auf die Möglichkeit aktiv gestalteter emanzipatorischer Prozesse geschmälert, weil diese Theorien annehmen, dass das gesellschaftliche Geschehen von der Entwicklung autonom agierender über-individueller Systeme abhängig ist, in die das intentionale Handeln selbst in kollektiver Form nicht entscheidend eingreifen kann. Diese Annahme ist allerdings nicht plausibel (5.286). Die intentionalistische Sozialontologie dagegen kann den politischen Optimismus in Hinsicht auf die Möglichkeit emanzipatorischer Entwicklungen wieder stärken (5.280).

Wir haben damit im Umriss erläutert, inwiefern auch kritische Theorien *wissenschaftliche* Theorien (4.207, 4.211) sein können. Entgegen einer weit verbreiteten Meinung lassen sich die Ideen von *emanzipatorischen* Theorien und von *wissenschaftlichen* Theorien miteinander versöhnen. Im Einzelfall kann es zweifellos schwierig sein, gute kritische Theorien zu etablieren. Dies gilt aber auch für viele andere Theorien in den Naturwissenschaften und Sozialwissenschaften. Offensichtlich beruht die skizzierte methodologische Kennzeichnung kritischer Theorien zum Teil auf einem moralischen Vokabular, das wir im Rahmen der theoretischen Philosophie nicht einholen können. An dieser Stelle sind Anleihen aus der Ethik und der Moralphilosophie erforderlich. In der theoretischen Philosophie geht es darum zu zeigen, dass kritische Theorien eine rationale und akzeptable Theoriestruktur aufweisen können. In der Tat lässt sich die Idee einer kritischen Theorie mit den Mitteln der gegenwärtigen Philosophie methodisch rehabilitieren und als rationales Unternehmen ausweisen. Zugleich ist nach 5.299 klar, dass die Etablierung kritischer Theorien von der Philosophie allein nicht geleistet werden kann, sondern als ein interdisziplinäres Unternehmen begriffen werden muss.

Übungen

Vorbemerkung: Die Lösungen der Übungsaufgaben sollten möglichst prägnant formuliert werden. Reine Ja-Nein-Antworten reichen allerdings nicht aus. Die Antworten sollten stets unter Bezugnahme auf die entsprechenden Explikationen im Haupttext begründet werden.

Am Ende der Kapitel werden jeweils drei der einflussreichsten Artikel oder Buchkapitel zum Thema des Kapitels angegeben. Diese Originalarbeiten können bei der Durcharbeit des Grundkurses zusätzlich mit Gewinn gelesen werden. Sie können aber auch als Grundlage von jeweils drei weiteren Übungsaufgaben betrachtet werden, die sämtlich eine Analyse der Texte im Umfang von drei bis sechs Seiten zum Inhalt haben. Die Texte werden daher mit einer AN-Nummerierung (AN für Analyse) den übrigen Übungsaufgaben hinzugefügt.

Übungen zu Kapitel 14: Handlungs- und Entscheidungstheorie

124. Beschreiben Sie ein Verhalten (z. B. eine Körperbewegung), das unter zwei verschiedenen Intentionen (Absichten, Wünschen) beschrieben werden kann (geben Sie die beiden Intentionen konkret an) (5.230).

125. (a) Welche der in Aufgabe 63. benannten Erklärungen sind nach 5.232 Handlungserklärungen?
(b) Wählen Sie zwei der Handlungserklärungen in (a) aus und formulieren Sie sie (i) nach dem Basisschema von Handlungserklärungen (5.233), (ii) nach dem erweiterten Schema einer Handlungserklärung (5.234).

126. Analysieren Sie diese Begründungen in Form gestaffelter Handlungs- und Meinungsrationalisierungen. Beginnen Sie mit dem Satz »Petra arbeitet in der Bank«, rationalisieren Sie diese Handlung mit entsprechenden Prämissen (d. h. einem Wunsch, einer Überzeugung) und versuchen Sie diese Prämissen ihrerseits mit weiteren Prämissen zu rationalisieren (wobei alle Prämissen aus dem folgenden Text stammen sollen):

Petra arbeitet in der Bank, weil sie einen sicheren Arbeitsplatz haben will und weil sie dort gut verdient. Sie möchte ein geregeltes Leben führen und hat daher Angst vor finanzieller Unsicherheit. Banken sind ihrer Meinung nach stabile Unternehmen, die nur selten Bankrott machen oder so hohe Verluste einfahren, dass sie viele Angestellte entlassen müssen. Sie glaubt, dass dies daran liegt, dass die Banken im Wirtschaftssystem des liberalen Kapitalismus eine starke Stellung haben und aufgrund dieser Machtstellung hohe Profite einfahren können.

127. Analysieren Sie folgendes Argument (beachten Sie dabei die unterschiedlichen Erklärungsarten (5.299) und die Abhängigkeit der Entfaltung von Rationalitätsprinzipien (5.234) von wechselnden Informationszuständen (3.127–3.128) des Aktors):

Auf den ersten Blick betrachtet will Peter eine ehrbare akademische Karriere einschlagen und seine klugen Gedanken unter das akademische Volk bringen. Denn er ist überzeugt davon, dass andere Leute von seinen Gedanken profitieren, und er will schließlich nicht nur etwas für sich selbst tun. Aber in Wahrheit will er damit nur seine Eitelkeit befriedigen und sein angeschlagenes Selbstbewusstsein stabilisieren. Deshalb wird er auch nur auf Erfolg aus sein und sich davor hüten, von eingefahrenen akademischen Gepflogenheiten abzuweichen. Damit stützt er letztlich ein eingefahrenes, längst überholtes und reformbedürftiges universitäres Regelsystem. Und das ist verwerflich! Allerdings, so viel dürfte sicher sein: Würde Peter diese Hinter- und Abgründe seines Handelns durchschauen, so würde er sich zu einer anderen Handlungsweise entschließen.

128. Versuchen Sie, die folgende Darstellung als Handlungserklärung zu rekonstruieren:

Der Aufstieg der modernen Naturwissenschaften im neuzeitlichen Europa ab dem 16. Jahrhundert verdankt sich nicht zuletzt ihrem Beitrag zur Entfaltung der kapitalistischen Wirtschaftskraft und damit zur Stabilisierung bürgerlicher Demokratien – denn schließlich war es das ökonomische Gewicht der bürgerlichen Klasse, das die Demokratien dazu befähigte, den Feudalismus abzuschaffen.

129. Versuchen Sie, ein eigenes Beispiel für das Gefangenendilemma (5.245) zu konstruieren.

130. Ist die Entscheidungstheorie (5.237–5.245) darauf festgelegt, dass die rationalen Aktoren, die sie betrachtet, ausschließlich ihr egoistisches Eigeninteresse verfolgen?

AN 14.1. Wright, G. H. v.: Erklären und Verstehen. Frankfurt a. M. 1974. Kap. I. S. 16–41.

AN 14.2. Davidson, D.: Handeln. In: Meggle, G. (Hrsg.): Analytische Handlungstheorie. Frankfurt a. M. 1985. S. 282–307.

AN 14.3. Axelrod, A.: Die Evolution der Kooperation. München/Wien 1997. Kap. 1–2. S. 1–64.

Übungen zu Kapitel 15: Sozialontologie

131. (a) Peter stolpert rückwärts, weil er Ulrich aggressiv auf sich zugehen sieht.
(b) Ulrich kauft seiner Freundin Blumen, weil er weiß, dass sie sich darüber freut.

Sind Peters Stolpern (a) und Ulrichs Blumenkauf (b) schwach soziale Handlungen im Sinne von 5.252?

132. Stellen Sie anhand von 5.253 und 5.254 dar, was es heißt, dass der Fan-Club des HSV den kollektiven Wunsch hat, dass der HSV nicht absteigt.

133. Stellen Sie anhand von 5.256 dar, was es heißt, dass vier Personen, etwa Barbara, Petra, Franz und Heinz, die kollektive Intention haben, gemeinsam Doppelkopf zu spielen.

134. Geben Sie die wichtigsten Unterschiede zwischen der evolutionären Spieltheorie (5.251) und der klassischen Entscheidungstheorie (5.237–5.245) an.

135. Betrachten Sie folgende Regeln:
(a) Beim Trinken schlürft man nicht.
(b) Abseitstore im Fußball sind ungültig.
(c) Das Verstehen anderer Personen sollte die Übereinstimmung der für wahr gehaltenen Meinungen zwischen Interpretin und Interpretanden maximieren.
(d) Gespräche mit Untergebenen sollten in höflichem Ton stattfinden.

Welche dieser Regeln sind nach 5.259 regulativ, welche sind konstitutiv?

136. Geben Sie zwei weitere Beispiele von Kulturen (über die Beispiele im Anschluss an 5.278 hinaus) an.

137. (a) Was heißt es nach 5.267, dass Christine die Macht hat, Fritz zu veranlassen, das Rauchen aufzugeben?
(b) Hat Christine diese Macht z. B. auch dann, wenn sie überhaupt nicht intendiert, Fritz zu veranlassen, das Rauchen aufzugeben?
(c) Hat sie diese Macht auch dann, wenn Fritz in der Lage ist, aus eigenem Antrieb das Rauchen aufzugeben?

138. (a) Geben Sie ein neues Beispiel für regulative Macht (5.268–5.269) an, die zugleich paternalistisch ist.
(b) Geben Sie ein neues Beispiel für repressive regulative Macht an.

139. Was würde es heißen, dass Sie selbst ein Hegel'sches Individuum in der akademischen Gemeinschaft eines Instituts einer Universität sind (5.278–5.279)?

140. Führen Sie anhand von 5.273 im Detail aus, was es heißt, dass die alten Finnen Bärenfälle als Geld behandelten.

141. Kann es Macht im elementaren Sinne von 5.266 auch unabhängig von sozialem Status (5.275) geben? Konstruieren Sie gegebenenfalls ein realistisches Beispiel.

AN 15.1. Weber, M.: Soziologische Grundbegriffe. In: M. W.: Schriften zur Soziologie. Stuttgart 1995. S. 303–312.
AN 15.2. Searle, J.: Die Konstruktion der gesellschaftlichen Wirklichkeit. Reinbek 1997. Kap. 1.
AN 15.3. Tuomela, R.: What is Cooperation? In: Erkenntnis 38 (1993) S. 87–101.

Übungen zu Kapitel 16: Wissenschaftstheorie der Sozialwissenschaften

142. Der heutige Stand von Darwins Theorie über die Entstehung der biologischen Arten lässt sich durch einige Kernaussagen umreißen:

1. Durch Mutation im Genom kommt es zu Variation unter neu entstehenden Lebewesen.
2. Es gibt einen Überschuss an Nachfahren in der folgenden Generation und gleichzeitig einen Mangel an Ressourcen in ihrer Umwelt.
3. Dadurch entsteht ein Selektionsdruck.
4. In der sogenannten natürlichen Selektion haben die hinsichtlich ihrer Umweltbedingungen vorteilhaft vererbbaren Variationen einen Überlebens- und Fortpflanzungsvorteil. (Zusätzlich gibt es eine sexuelle Selektion.)
5. Alle hinreichend in ihre jeweilige ökologische Nische eingepassten Exemplare überleben und geben ihr Erbgut weiter (survival of the fittest).

In welchem Sinne gilt von der Evolutionstheorie à la Darwin, dass sie

(a) kritisch ist,
(b) kritisch sein könnte (auch wenn sie es nicht immer oder überhaupt nicht ist),
(c) nicht kritisch ist (auch wenn sie es sein könnte),
(d) nicht kritisch sein kann?

Orientieren Sie sich dabei an den Unterscheidungen (i)–(xii) auf S. 137–138.

143. Konstruieren Sie eine vertiefte Handlungserklärung gemäß 5.286 für den Fall, dass der Regierungschef zurücktritt.

144. Erklären Sie genauer, inwiefern ethische Diskurse Rationalität unterstellen (5.297 (2)).

145. Betrachten Sie folgende Erklärung:

Blair hat Bush im Irak-Krieg unterstützt und auf diese Weise mehr Demokratie herstellen wollen. Der Irak-Krieg hat jedoch die Motivation der islamistischen Terroristen erhöht. Dies führte zu vermehrten Anschlägen – und es sind gerade die erfolgreichen Anschläge, ohne die das Netzwerk des Terrors nicht stabilisiert werden könnte. Doch gerade das wollte Blair vermeiden.

Welche Art von funktionaler Handlungserklärung stellt dieses Beispiel dar (5.288–5.290)?

146. Finden Sie ein weiteres historisches Beispiel für eine dialektisch erweiterte funktionale Erklärung im Sinne von 5.294.

147. Ist die funktionale Soziologie (vgl. 5.285) eine Form des sozialwissenschaftlichen Naturalismus (5.283)?

148. Kann ein Szientist (5.282) zugleich auch ein sozialwissenschaftlicher Holist (5.284) sein, ohne in einen Widerspruch zu geraten?

149. Besuchen Sie eine philosophische Bibliothek, suchen Sie dort das Buch Th. W. Adorno u. a.: Der Positivismusstreit in der deutschen Soziologie, München (dtv) 1993, und lesen Sie die Aufsätze von Th. W. Adorno: Soziologie und empirische Forschung (S. 81–102), K. R. Popper: Die Logik der Sozialwissenschaften (S. 103–124) und Th. W. Adorno: Zur Logik der Sozialwissenschaften (S. 125–144).

Kommentieren Sie die Auseinandersetzung zwischen Adorno und Popper unter wissenschaftstheoretischem Aspekt (der erste Adorno-Aufsatz wurde bereits 1957 veröffentlicht; der Popper-Aufsatz ist die Publikation von Poppers Referat auf der berühmten Tübinger Tagung von 1961 (nämlich der Arbeitstagung der Deutschen Gesellschaft für Soziologie); der zweite Adorno-Aufsatz (von 1961) gibt Adornos Korreferat zum Vortrag von Popper wieder).

150. Jürgen Habermas hat in einem Referat auf dieser Tagung behauptet, die Kritische Theorie sei methodologisch vor allem dadurch ausgezeichnet, dass sie eine verstehende Theorie sei, und darin sei der Antiszientismus der Kritischen Theorie begründet.

Kommentieren Sie diese Behauptung aus der Sicht der Begriffe von verstehender Theorie, Antiszientismus und kritischer Theorie, so wie sie in 5.282, 5.291 und 5.298–5.300 entwickelt werden.

AN 16.1. Horkheimer, M.: Traditionelle und kritische Theorie. In: M. H.: Gesammelte Schriften. Bd. 4. Frankfurt a. M. 1988. S. 162–216.

AN 16.2. Habermas, J.: Einige Schwierigkeiten beim Versuch, Theorie und Praxis zu vermitteln. In: J. H.: Theorie und Praxis. Frankfurt a. M. 1971. S. 9–48.

AN 16.3. Geuss, R.: Kritische Theorie. In: R. G.: Die Idee einer kritischen Theorie. Meisenheim 1983. Kap. 3. S. 67–111.

Literaturhinweise

Grundlegende Literatur

Anscombe, G. E. M.: Intention. Oxford 1957. – Dt.: Absicht. Freiburg/München 1986.
Axelrod, R.: The Evolution of Cooperation. New York 1984. – Dt.: Die Evolution der Kooperation. München/Wien 1997.
Davidson, D.: Essays on Actions and Events. Oxford 1980. – Dt.: Handlung und Ereignis. Frankfurt a. M. 1990.
Geuss, R.: The Idea of a Critical Theory. Cambridge (Mass.) 1981. – Dt.: Die Idee einer kritischen Theorie. Meisenheim 1983.
Gilbert, M.: On Social Facts. Princeton 1989.
Habermas, J.: Theorie des kommunikativen Handelns. 2 Bde. Frankfurt a. M. 1981/1997.
Horkheimer, M.: Traditionelle und kritische Theorie. In: Gesammelte Schriften. Bd. 4. Frankfurt a. M. 1988. S. 162–216.
Searle, J. R.: The Construction of Social Reality. New York 1995. – Dt.: Die Konstruktion der gesellschaftlichen Wirklichkeit. Reinbek 1997.
Tuomela, R.: The Importance of Us. Stanford 1995.
Weber, M.: Soziologische Grundbegriffe. In: M. W.: Gesammelte Aufsätze zur Wissenschaftslehre. Tübingen 1988. S. 541–581.
Wright, G. H. v.: Explanation and Understanding. Ithaca 1971. – Dt.: Erklären und Verstehen. Frankfurt a. M. 1974.

Einführungen zu Kapitel 14

Donagan, A.: Choice: The Essential Element in Human Action. London 1987.
Ginet, C.: On Action. Cambridge 1990.
Hollis, M.: The Philosophy of Social Science. An Introduction. Cambridge 1994. – Dt.: Soziales Handeln. Berlin 1995.
Resnik, M. D.: Choices – An Introduction to Decision Theory. Minneapolis 2000.

Weiterführende Literatur zu Kapitel 14

Beckermann, A. (Hrsg.): Analytische Handlungstheorie 2. Frankfurt a. M. 1987.
Dretske, F.: Explaining Behavior. Cambridge 1988.
Elster, J. (Hrsg.): Rational Choice. Cambridge 1986.
Goldman, A.: A Theory of Human Action. New Jersey 1976.
Jeffrey, R. C.: The Logic of Decision. München 1965. – Dt.: Logik der Entscheidung. Wien/München 1967.
Kahneman, D. / Tversky, A.: Prospect Theory: An Analysis of Decision under Risk. In: Econometrica 47 (1979) S. 269–291.
Kunz, V.: Rational Choice. Frankfurt a. M. 2004.
LePore, E. / McLaughlin, B. P. (Hrsg.): Action and Events. Perspectives on the Philosophy of D. Davidson. Oxford 1985.
Meggle, G. (Hrsg.): Analytische Handlungstheorie I. Frankfurt a. M. 1985.
Mele, A. (Hrsg.): The Philosophy of Action, Oxford 1997.
Skinner, B. F.: Verbal Behaviour. New York 1957.

Einführung zu Kapitel 15

Searle, J.: The Construction of Social Reality. New York 1995. – Dt.: Die Konstruktion der gesellschaftlichen Wirklichkeit. Reinbek 1997.

Weiterführende Literatur zu Kapitel 15

Bratman, M.: Faces of Intention: Selected Essays on Intention and Agency. Cambridge 1999.
Collin, F.: Social Reality. London 1997.
Gilbert, M.: Sociality and Responsibility. Blue Ridge Summit 2000.
Lewis, D.: Konventionen. Eine sprachphilosophische Abhandlung. Berlin 1975.
Ruben, D.-H.: The Metaphysics of the Social World. London 1985.
Pettit, P.: The Common Mind. Oxford 1993.

Schmitt, F. (Hrsg.): Socializing Metaphysics. Maryland 2003.
Tuomela, R.: Cooperation. A Philosophical Study. Cambridge 2000.
– The Philosophy of Social Practices. Cambridge 2003.
Wartenberg, T.: The Forms of Power. Philadelphia 1990.
Weber, M.: Schriften zur Soziologie. Stuttgart 1995.

Einführungen zu Kapitel 16

Little, D.: Varieties of Social Explanation: An Introduction to the Philosophy of Social Science. Oxford 1991.
Nohlen, D. / Schultze, R.-O. (Hrsg.): Soziologie. Arbeitsfelder, Theorien, Ausbildung. Ein Grundkurs. Reinbek 1991.
Reijen, W. v.: Kritische Philosophie. Einführung in die kritische Theorie. Königstein 1986.
Rosenberg, A.: Philosophy of Social Science. Boulder 1988.
Rush, F. (Hrsg.): The Cambridge Companion to Critical Theory. Cambridge 2004.
Wiggershaus, R.: Die Frankfurter Schule. München 1993.

Weiterführende Literatur zu Kapitel 16

Bhaskar, R.: The Possibility of Naturalism. Hempstead 1979.
Bohman, J.: New Philosophy of Social Science. New York 1993.
Braybrooke, D.: Philosophy of Social Science. New Jersey 1987.
Durkheim, E.: Die Regeln der soziologischen Methode. Frankfurt a. M. 1976.
Elster, J.: The Nuts and Bolts of Society. Cambridge 1989.
Giddens, A.: Central Problems in Social Theory. London 1979.
Habermas, J.: Aufgaben einer kritischen Gesellschaftstheorie. In: J. H.: Theorie des kommunikativen Handelns. Frankfurt a. M. 1981. Bd. 2. S. 548–594.
– Zur Logik der Sozialwissenschaften. Frankfurt a. M. 1982.
MacIntyre, A.: The Idea of a Social Science. In: Proceedings of the Aristotelian Society. Supplementary 41 (1967).

McIntyre, L. / Martin, M.: Readings in the Philosophy of Social Science. Cambridge 1994.
Outhwaite, W.: New Philosophies of Social Science: Realism, Hermeneutics and Critical Theory. London 1987.
Weber, M.: Wirtschaft und Gesellschaft. Grundriß der verstehenden Soziologie. Köln 1956.

Abschlusstest

Vorbemerkung: Bitte begründen Sie alle Ihre Antworten, u. a. mit Bezugnahme auf die entsprechenden Definitionen. Antworten Sie insbesondere niemals nur mit »ja« oder mit »nein«.

(1) Welche der folgenden Ausdrücke sind Nominatoren (= N), welche sind Prädikatoren (= P)? Geben Sie *außerdem* an, ob es sich jeweils um Eigennamen (= E), Kennzeichnungen (= K), einstellige Prädikatoren (eP) oder mehrstellige Prädikatoren (= mP) handelt:

Kleiner sein als.
Der Säugling, der im Jahre 2000 als Erster in Frankfurt geboren wurde.
Intelligent sein.
Patricia Churchland.
Eine einflussreiche Philosophin des Geistes sein.
(Anmerkung: Patricia Churchland ist tatsächlich eine einflussreiche Philosophin des Geistes.)

(2) Betrachten Sie folgende Aussagen:

(a) Barbara ist eine Naturwissenschaftlerin.
(b) Barbara ist Physikerin.
(c) Barbara ist Französin.

Nehmen Sie jeweils zwei dieser Sätze und geben Sie dann an, ob einer dieser Sätze

(i) hinreichende Bedingung für den anderen,
(ii) notwendige Bedingung für den anderen, oder
(iii) weder notwendige noch hinreichende Bedingung für den anderen ist.

(3) Beschreiben Sie kurz den Unterschied zwischen der Korrespondenztheorie und der Konsenstheorie der Wahrheit.

(4) Betrachten Sie die folgenden Schlussschemata bzw. Argumentationsschemata:

(a) $p \supset q, q \Rightarrow p$
(b) $p \supset q, p \Rightarrow q$
(c) p; q beschreibt die beste Erklärung für $p \Rightarrow q$.
(i) Wie nennt man diese Schemata?
(ii) Welche dieser Schemata sind *nicht* logisch gültig?

(5) Welche der folgenden Sätze sind synthetisch, welche analytisch?

(a) Mein Auto ist in der Werkstatt.
(b) Autos sind Fahrzeuge.
(c) Kleine Katzen sind putzig.

(6) Geben Sie an,

(a) welche logischen Prinzipien die Formeln $\neg (p \wedge \neg p)$ sowie $p \vee \neg p$ ausdrücken,
(b) wie sich logische und konträre Widersprüche voneinander unterscheiden,
(c) was es heißt, dass ein Satz *nicht* aussagenlogisch gültig ist.

(7) Welcher Zusammenhang besteht zwischen analytisch wahren Sätzen und logisch wahren Sätzen?

(8) Welche der im Folgenden aufgeführten Gegenstände sind Einzeldinge (= E), welche Universalien (= U)?

Meine Wohnung.
Wohnung.
Tragödie.
Die letzte von Sophokles verfasste Tragödie.
Quadrat.
Recht.
Das Hochschulrahmengesetz.
Die Tatsache, dass alle Menschen sterblich sind (anders formuliert: die Sterblichkeit aller Menschen).

(9) (i) Wie unterscheiden sich der Nominalismus (als ontologische Position) und der Realismus (als ontologische Position) in Hinsicht auf die These, welche Arten von Gegenständen es gibt?
(ii) Was versteht man unter dem Universalienstreit?

(10) Wie unterscheiden sich metaphysischer und erkenntnistheoretischer Realismus?

(11) Erläutern Sie, wie sich Notwendigkeit und Kontingenz mit Hilfe des Begriffs der möglichen Welt erläutern lassen.

(12) (i) Beschreiben Sie kurz den allgemeinen Begriff einer DN-Erklärung.
(ii) Was sind Handlungen im Gegensatz zum Verhalten?
(iii) Warum sind Handlungserklärungen keine DN-Erklärungen?

(13) Welcher der drei folgenden Sätze verweist auf ein Naturgesetz?
(a) Alle Masseteilchen ziehen einander an.
(b) Das kapitalistische System muss ausgebaut und verbessert werden.
(c) Einige Frauen wurden noch im 18. Jahrhundert als Hexen verbrannt.

(14) Um welche Arten von Erklärungen handelt es sich bei den folgenden Argumenten?
(a) Viele Menschen streben nach Reichtum, damit sie gut leben können, ohne arbeiten zu müssen.
(b) Die Herzen vieler Säugetiere vollziehen rhythmische Bewegungen, damit sie das Blut in einem Kreislauf durch den Körper pumpen können, ohne dass der Energieaufwand dafür zu hoch wird.

(c) Viele Staaten haben ein kodifiziertes Recht, weil ein kodifiziertes Recht die Rechte der Angeklagten stärkt und die Zustimmung aller Bürgern zur Verfassung stabilisiert.
(d) Viele Staaten haben ein kodifiziertes Recht, weil ihre herrschenden Schichten irgendwann die Kodifizierung des Rechts durchgesetzt haben, um damit die Aufsässigkeit der Untertanen zu zügeln und ihre eigenen Chancen auf Fortsetzung ihrer Herrschaft zu erhöhen.

(15) Erläutern Sie kurz den Unterschied zwischen dem klassischen und dem neuen Leib-Seele-Problem.

(16) Angenommen, es gibt verschiedene Gemälde mit denselben physischen Eigenschaften, aber mit unterschiedlichen ästhetischen Qualitäten – ist dies vereinbar mit der Behauptung, dass ästhetische Qualitäten auf physischen Eigenschaften supervenieren?

(17) Kommentieren Sie kurz folgende Behauptung: »Die funktionalistische Computertheorie des Geistes ist letztlich nur eine Variante der Identitätstheorie des Geistes.«

(18) (i) Was versteht man unter einer Naturalisierung des Bewusstseins?
(ii) Beschreiben Sie kurz einige Thesen oder Argumente, die innerhalb der Philosophie des Geistes gegen die Naturalisierbarkeit des Bewusstseins vorgebracht wurden.

(19) (i) Nennen Sie jeweils zwei Beispiele für Körpergefühle und für Emotionen.
(ii) Wodurch unterscheiden sich Körpergefühle und Emotionen?

(20) Niemand leugnet heutzutage, dass der Geist mit den Aktivitäten des Gehirns zusammenhängt. Aber welche Ebenen des Geistes sind als *spezifisch* für den Geist bezeichnet worden?

(21) (i) Geben Sie eine Überzeugung und einen Wunsch an, die beide denselben propositionalen Gehalt haben.
(ii) Durch welche Besonderheiten sind propositionale Gehalte ausgezeichnet?

(22) Worin unterscheidet sich im Kern das Erklären eines Naturereignisses vom Verstehen eines propositional gehaltvollen Gedankens oder einer sprachlichen Äußerung?

(23) Beschreiben Sie das Basisschema einer Handlungserklärung und erläutern Sie, inwiefern eine Handlungserklärung, die diesem Schema entspricht, auch als »Rationalisierung« einer Handlung aufgefasst werden kann.

(24) Um welche Formen des Wissens handelt es sich im Folgenden?
(a) Petra hat es schon immer verstanden, hübsche Vasen zu töpfern.
(b) Petra weiß, dass das Universum endlich ist.
(c) Petra weiß mit Teleskopen umzugehen.
(d) Petra ist mit ihren Kollegen am hiesigen Observatorium einigermaßen vertraut.

(25) (i) Wie lautet die klassische Wissensdefinition?
(ii) Welche systematische Rolle spielt die Rechtfertigungsbedingung in dieser Definition?

(26) Wie unterscheiden sich Wissen a priori und Wissen a posteriori?

(27) (a) Wenn eine wahre Meinung *intern* gerechtfertigt ist, *folgt daraus* dann auch, dass sie *extern* gerechtfertigt ist?
(b) Wenn eine wahre Meinung *extern* gerechtfertigt ist, *folgt daraus* dann auch, dass sie *intern* gerechtfertigt ist?

(28) Wie unterscheiden sich
(a) das Abgrenzungskriterium,
(b) das Bestätigungs- und Widerlegungskriterium und
(c) das Annahme- und Verwerfungskriterium für wissenschaftliche Theorien voneinander?

(29) Aus welchen Elementen bestehen größere Forschungseinheiten (z. B. Paradigmata im Sinne von Thomas Kuhn oder Forschungsprogramme im Sinne von Imre Lakatos)?

(30) Kommentieren Sie folgende Darstellung handlungstheoretisch:
Bernd macht im Rahmen der Friedensbewegung gegen alle militärischen Aggressoren mobil. Er hat auch gegen China mobil gemacht, und zwar weil China seiner Meinung nach ökologisch rücksichtslos agiert. China ist allerdings auch oft als militärischer Aggressor vorgegangen, aber das ist Bernd bisher entgangen. Dennoch hat Bernd im Prinzip mit seiner Handlung der Mobilisierung gegen China auch die Handlung einer Mobilisierung gegen einen militärischen Aggressor vollzogen.

(31) Angenommen, ein Ehepaar geht im Supermarkt zusammen einkaufen und *sie* besorgt die Tiefkühlprodukte, während *er* die Milchprodukte holt – handelt es sich in diesem Fall um eine kollektive Handlung?

(32) Wodurch unterscheiden sich regulative und konstitutive Regeln? Geben sie für beide Arten von Regeln ein Beispiel an.

(33) (i) Skizzieren Sie den Grundbegriff der Macht.
(ii) Geben Sie ein Beispiel für eine spezifische repressive Form der Macht und ein Beispiel für eine spezifische positive, nicht-repressive Form der Macht an.

(34) Skizzieren Sie die intentionalistische Theorie der Sozialontologie.

(35) Wie unterscheiden sich im Kern internalistische Theorien der Repräsentation von externalistischen Theorien der Repräsentation?

(36) Was versteht man in der Philosophie des Geistes unter der Korrelationsthese, und welche Konsequenz ergibt sich für den bewussten und repräsentativen Geist, *wenn* diese These wahr oder zumindest empirisch sehr gut bestätigt ist?

(37) Was ist ein natürliches Zeichen?

(38) (i) Was kann es heißen, dass eine wissenschaftliche Theorie reflexiv ist?
(ii) Inwiefern sind insbesondere emanzipatorische oder kritische Theorien reflexiv?

(39) Inwiefern folgt aus einem logischen Widerspruch logisch jeder beliebige Satz?

(40) Skizzieren Sie einen angemessenen Begriff der Repräsentation, der es erlaubt, auch von Fehlrepräsentation zu sprechen.

(41) Erläutern Sie die Idee vom kumulativen Wissenschaftsfortschritt und begründen Sie kurz, warum die Wissenschaftstheorien, die von erweiterten Forschungseinheiten ausgehen, die These vom kumulativen Wissenschaftsfortschritt bestreiten können.

(42) Warum ist der Deduktivismus falsch?

(43) Zeigen Sie,
(i) dass der Satz $(p \supset q) \supset (\neg p \vee q)$ aussagenlogisch wahr ist und
(ii) dass der Satz $(p \supset q) \supset (\neg q \vee p)$ nicht aussagenlogisch wahr ist.

(44) Kommentieren Sie kurz die folgende (nicht wörtlich, aber sinngemäß wiedergegebene) Überlegung eines der einflussreichsten Philosophen der Gegenwart und ordnen Sie diese Überlegung systematisch ein:

Die klassische Auffassung der Subjektivität kann nicht in vollem Umfang verteidigt werden. Subjektivität besteht nur noch in zwei Merkmalen: (i) in der Privatheit von Gedanken (in demselben Sinne, in dem Eigentum privat ist) und (ii) in der Asymmetrie der Erkenntnis von Gedanken (d. h., jeder Mensch, der einen Gedanken hat, kommt zur Erkenntnis, dass er selbst diesen Gedanken hat, auf eine Weise, die anderen Menschen nicht zur Verfügung steht). Unsere Gedanken sind nicht derart von der externen Welt abgeschottet, dass es schwer zu sehen ist, auf welche Weise unsere Gedanken zu einem Wissen von der externen Welt beitragen oder von anderen Menschen erkannt werden können. Denn wenn wir Menschen tatsächlich gehaltvolle Gedanken haben, müssen wir über gemeinsame Maßstäbe der Wahrheit und der Objektivität verfügen.

Register

Das Register listet die Begriffe und Positionen auf, die in den grauen Kästen erläutert werden. Die Haupteinträge sind fast immer Substantive. In den Untereinträgen wird zum Teil auch nach Adjektiven gelistet. Die Zahlen in Klammern geben die Nummer der Erläuterung (oder Definition) an, in der die gelisteten Begriffe vorkommen. Die Zahlen ohne Klammern geben die Seite an, auf der die zuvor genannte Erläuterung vorkommt.

Register der Bände 1–5

Die Zahlen geben Band und Seite an, auf der die gelisteten Begriffe in den grauen Kästen erläutert werden. »Affekt 3:154« bedeutet z. B., dass der Begriff »Affekt« in einem grauen Kasten auf S. 154 in Band 3 erläutert wird. Wird ein Begriff in mehreren grauen Kästen erwähnt, so wird die Seite, auf der der Begriff grundlegend erläutert wird, fett geschrieben. »Apriorität **2:44**, 2:51« bedeutet z. B., dass der Begriff »Apriorität« in Band 2 auf den Seiten 44 und 51 in grauen Kästen vorkommt sowie dort auf S. 44 grundlegend erläutert wird.